이성과 감성의 평행선

| 문화사로 본 현대 독일 사상 |

안성찬 지음

유로서적

초판 1쇄 인쇄 2004년 7월 16일
초판 1쇄 발행 2004년 7월 19일

지은이 _ 안성찬
펴낸이 _ 배정민
펴낸곳 _ 유로서적

편집 _ 심재진
디자인 _ Design Identity 천현주

등록 _ 2002년 8월 24일 제 10-2439호
주소 _ 서울시 마포구 합정동 387-18 현화빌딩 2층
TEL _ (02)3142-1411
FAX _ (02)3142-5962
E-mail _ bookeuro@bookeuro.com

ISBN 89-953550-9-3

이성과 감성의 평행선

| 문화사로 본 현대 독일 사상 |

머리말

이 책의 목적은 현대 독일사상을 문화사적 관점에서 개관해 보려는 데 있다. 사상사를 문화사적 맥락에서 이해하려는 태도는 사상이 문화의 중요한 구성요소의 하나라는 점에서 충분한 정당성을 지닌다. 아무리 추상적으로 보이는 철학사상이라 할지라도 무전제적인 순수한 사유에서 생겨난 것은 아니다. 사상은 문화사적 맥락 위에서만 그 진정한 의미를 드러낸다. 사상은 경험된 현실세계를 전통의 바탕 위에서 새로이 이해하고 이를 토대로 실천의 방향을 모색하려는 인간의 노력의 산물이기 때문이다. 이를 철학의 용어를 빌어 표현하면 사상은 전통과 현실 사이의 '변증법dialektikos' 적 '대화dialogos' 라는 말로 요약할 수 있을 것이다. 사상이 문화적 전통의 토대 위에서 이루어진다는 자명한 사실을 여기에서 굳이 강조하여 언급하고 있는 이유는, 이것이 사상을 다루는 학문인 철학분야 내에서 이루어지는 전문적 논의에서는 때로 망각되기 때문이다. 이는 무엇보다도 — 특히 근대 이래로 — 사상의 표현이 주로 엄밀하고 추상적인 논증의 서술방식을 취하고 있는 데에 기인한다. 엄밀한 논증은 철학적 사유의 진지성을 가늠케하는 기본적인 덕목이고, 철학언어의 추상성은 현실을 보다 근원적이고 보편적인 차원에서 이해하려는 데에 기인하는 것이기는 하지만 이것은 그 사상이 지니고 있는 문화사적 맥락을 시야에서 멀어지게 하는 결과를 가져온다. 전문적 학문분야로서의 철학은 논증의 엄밀성과 타당성을 검토하는 일에 주된 관심을 쏟는다. 이는 학문으로서의 철학에 주어진 중요하고도 고유한 과제의 하나일 것이다. 하지만 하나의 사상이 지니는 본래적 '의미'는 논증의 차원을 넘어서는 문화사적 전통 위에서 비로소 드러난다. 사상이 지니는 문화사적 의미가 잘 드러나지 않는 또 하나의 주된 이유는 이것이 사유의 명시적인 내용이 아니라 사유의 암묵적인 동기를 이루기 때문일 것이다. 그리고 이러한 사상의 동기는 전문적 학문으로서의 철학보다는 넓은 의미에서의 문화학의 대상이라 할 수 있다. 이 책은 사상의 내용을 엄밀히 검토하는 것이 아니라 그 바탕에 깔린 동기를 제시함으로써 현대 독일사상을 문화사적 맥락에서 개관하려는 의도에서 저술된 것이다.

근대 이래로 독일 철학은 서구 사상사의 중심축을 이루어 왔다. 이는 칸트, 피히테, 쉘링, 헤겔, 맑스, 니체, 프로이트, 하이데거, 아도르노, 가다머, 하버마스 등 독일 사상사에서 가장 중요한 이정표를 이루고 있는 인물들의 이름을 열거하는 것만으로도 충분히 입증된다. 근래에 와서 서구 사상은 탈구조주의 계열의 사상가들을 중심으로 한 프랑스에 의해 주도되고 있지만, 이들의 사유 또한 여전히 맑스, 니체, 프로이트, 아도르노 등 독일 사상의 성좌에서 가장 중요한 항성들을 중심으로 하여 운행되고 있다는 점에서 독일의 사상적 전통은 오늘날의 철학적 논의에서 국가와 문화권의 경계를 넘어 중요하게 작용하고 있다고 할 수 있다. 이 책은 이러한 독일의 사상적 전통이 어떻게 오늘날에로 계승되고 있는가를 살펴보는 것을 내용으로 하고 있다.

우리 나라가 서구의 근대문화를 수용하기 시작한 이래로 독일의 철학사상은 우리 문화권에서의 사상적 논의에서도 매우 중요한 역할을 해왔다. 일반독자들의 교양을 위해, 혹은 대학에서의 학문적 연구나 수업을 위해 독일 철학자들의 사상을 소개하고 있는 번역서나 저서들은 우리 인문학 출판계에서 중요한 부분을 차지하고 있다. 그러나 개별적 사상가들을 소개하는 글들은 많이 나와 있지만 독일 사상, 특히 현대의 독일 사상을 전체적으로 개관하고 있는 저서는 거의 나와 있지 않다. 비유적으로 표현하면 독일 사상계의 중요한 도시들을 그린 미시적 지도는 많이 나와 있지만 이 도시들 사이의 교통로와 분기점을 그린 거시적 지도는 별로 나와 있지 않다고 말할 수 있을 것이다. 이 책은 미흡하나마 그러한 거시적 지도를 그려보려는 시도라고 할 수 있다. '시인과 사상가의 나라'로 불리는 독일 현대 사상계의 모습을 살펴보기 위해 답사를 떠나는 일은 인간과 세계를 보다 깊이 이해하려는 철학적 감수성을 지닌 사람이라면 누구나 마음을 설레게 하는 매력적인 일일 것이다. 그는 험준한 산맥과 드넓은 평원, 깊은 협곡과 도도히 흐르는 강물, 그 사이사이에 펼쳐져 있는 유서깊은 도시들을 돌아보면서 그 장대한 파노라마적 풍경에 매혹될 것이다. 이 책은 그러한 답사를 떠나려는 사람이나 혹은 이미 답사여행의 경험을 지닌 사람이 이 풍경의 전체적인 모습과 중요한 지점들을 살펴보려 할 때 도움이 되었으면 하는 바램에서 저술된 것이다.

이러한 의도에 따라 이 책은 다음과 같은 구성방식을 취하고 있다.

첫 번째 장에서는 독일과 프랑스의 사상적 전통을 간략하게 비교하고 2차 세계대전 이후 전개된 독일 사상사의 흐름에서 공통적으로 나타나는 중요한 내적 동기와 외적 배경을 서술하였다. 또한 독일 현대 사상계를 대표하는 중요한 철학자들의 사상적 면모를 간략하게 서술함으로써 2장 이후에 소개할 철학자들이 현대 독일의 사상적 성좌에서 차지하고 있는 위치를 미리 개관할 수 있도록 하였다. 첫 번째 장은 이 책 전체의 서론에 해당한다고 할 수 있다.

2장부터 5장까지는 현대 독일 사상의 중요한 조류를 이루고 있는 전통노선을 넷으로 구분하여 그 대표적인 철학자들을 소개하고 있다. 이를 위해 현대 독일의 대표적인 사상적 조류를 다음과 같은 기준에 따라 구분하였다.

1. 맑스주의 철학의 전통 위에서 철학의 사회비판적이고 미래지향적인 기능을 중시하는 비판이론의 입장. 비판이론 제 1세대를 대표하는 아도르노와 호르크하이머는 60년대와 70년대 세대들의 반항정신에 이론적 근거를 제공하였으며 보수적 전통의 지배하에 있던 전후 독일 문화와 사회에 커다란 변혁을 불러 일으켰다. 오늘날 이 노선을 대표하는 철학자로는 위르겐 하버마스와 알브레히트 벨머 등을 들 수 있다.

2. 근대 계몽주의 이래 독일 철학에서 가장 중요한 전통을 이루고 있는 칸트의 선험철학의 정신을 계승하여 합리성 Rationalität과 최후정초Letztbegründung를 현대적 의미로 다시 건져내려 하는 칼 오토 아펠Karl Otto Apel과 그의 학파.

3. 하이데거의 실존존재론Existentialontologie의 연장선상에서 인간과 세계, 역사를 해명하려는 입장. 전후 독일 철학계를 오랫동안 주도하였으며 오늘날에도 여전히 커다란 영향력을 행사하고 있는 하이데거 철학을 생산적으로 계승, 확장하여 거기에 새로운 시의성을 부여한 공로는 무엇보다도 가다머의 철학적 해석학Philosophische Hermenentik에 돌아가야 할 것이다. 그밖에도 한스 블루멘베르크Hans Blumenberg, 한스 요나스Hans Jonas, 헤르만 슈미츠Hermann Schmitz, 오도 마크바르트Odo Marquard 등이 하이데거의 철학을 수용 내지는 변형하면서 이 노선을 다채로운 모습으로 이어가고 있다. 이 노선은 위의 두 철학노선과 대립하고 있는 반면에 현대 프랑스 사상과는 긴밀한 내적 연관을 보여준다.

4. 자연과학에 대한 깊은 지식과 성찰을 바탕으로 하여 현대의 과도한 기술중심주의적 문명을 비판하고 환경과 생태계 파괴를 경고하는 철학적 입장. 독일의 대표적 물리학자이기도 한 칼 프리드리히 폰 바이책커Carl-Friedrich von Weizsäcker가 그 대표적 철학자이며 그의 철학은 오늘날 젊은 자연철학자들과 윤리학자들 외에 일반사회에까지 커다란 영향을 미치고 있다.

이 책에서는 위의 사상노선을 대표하는 현대철학자로서 하버마스, 아펠, 가다머, 바이책커를 선정하여 각각 2, 3, 4, 5 장에서 소개하였다. 문화사에서 매우 융통성 있게 사용되는 '현대'의 개념을 이 책에서는 2차 세계대전 이후로 제한하였다. 이 책에서 소개하고 있는 철학자들은 모두 2차 세계대전 이후에 철학수업을 시작하거나 자신의 핵심사상을 전개한 인물들이다. 시의성 있는 주제인 현대 매체문화 비판을 다루기 위해 귄터 안더스 Günther Anders나 빌렘 플루써Vilém Flusser에게도 한 장을 할애하고 싶었지만, 여기에서는 제 1장에 이들의 사상을 간략히 소개하는 것으로 만족하기로 하였다. 현대 인문과학과 사회과학의 가장 중요한 과제와 관련을 맺고 있는 이 두 사람의 사상에 대해서는 후에 따로 한 권의 책을 저술하여 소개하고 싶었기 때문이다.

서술에 있어서는 먼저 위의 철학자들이 각각 사유의 근본동기로 삼고 있는 문제를 넓은 문화사적 관점에서 설명하고 이에 뒤이어 그들의 사상적 전기를 그려낸 후 그 영향과 의의를 제시함으로써 글을 맺는 방식을 취하였다. 이것이 이 책의 의도에 가장 적합하다고 믿었기 때문이다. 각 장의 마지막에는 소개한 철학자의 대표적 저서와 그에 관한 주요저서들의 목록을 실어, 이 책을 통해 이들의 사상적 면모에 보다 대해 보다 자세히 알고 싶어하게 된 독자들에게 도움을 주고자 하였다. 이 장들은 독립적 성격을 지니고 있으므로 독자들의 관심에 따라 순서와 상관없이 읽어도 무방하다.

이 책의 마지막 장에서는 포스트모더니즘 논쟁을 문화사적 관점에서 분석한 글을 실었다. 현대를 대표하는 대부분의 사상가들이 참여한 이 논쟁의 문화사적 개관은 이 책 전체를 종합하는 의미를 지닌다. 이 글을 통해 독일과 프랑스의 중요한 사상가들이 현대 사상계 내에서 차지하고 있는 상대적 위치와 이들의 사상적 교차점과 분기점을 어느 정도 상세하게 이해할 수 있게 되리라 믿는다.

이 책이 오늘날 우리가 경험하고 있는 삶과 세계의 문제에 대해 진지한 관심을 지니고 있는 일반 독자들에게 현대사상의 중요한 흐름을 개관하는 보람을 주고, 또 중점 연구분야의 나무들을 엄밀히 관찰하는 일에 종사하는 전문학자들에게는 잠시 일터를 벗어나 숲을 조망하는 즐거움을 주었으면 하는 것이 필자의 과분한 바램이다.

끝으로 현재 출판계가 처한 어려운 여건 속에서도 이 책의 출판을 기꺼이 맡아주신 배정민 사장님과 편집책임자로서 이 책이 나오기까지의 모든 과정에 수고를 아끼지 않은 성실하고 유능한 후배 심재진 군께 깊은 감사의 인사를 전한다. 책을 낸다는 것은 생각의 매듭을 짓는 것이 아니라 말문을 열어 대화를 시작하는 것을 의미한다는 것이 인문학을 공부하면서 필자가 배운 가르침이다. 이런 의미에서 이 책을 읽고 충고와 비판, 가르침과 질정을 통해 대화를 이끌어줄 독자 여러분들께도 미리 머리 숙여 감사드린다.

2004년 6월
여의도가 내려다보이는 옥탑방 서재에서 저자

Contents

I
현대 독일사상 개관

단절된 전통의 회복과 극복

I. 현대 독일사상 개관 : 단절된 전통의 회복과 극복

1. 독일 사상과 프랑스 사상의 비교 - 가이스트와 에스프리

현대 독일 사상의 특징을 전체적으로 조망하는 유익한 한 가지 방법은 근대문화사에서 독일과 함께 유럽대륙 사상사의 중심축을 이루어 온 프랑스와 대비해 보는 것이다. 라인강을 경계로 이웃하고 있으면서 갈등과 교류 속에서 역사적으로 서로 경쟁하여 온 이 두 나라는 사상사에 있어서도 첨예한 논쟁과 생산적인 대화를 거듭하면서 서로 영향을 미쳐왔다. 양국간의 생산적인 영향관계를 보여주는 대표적인 예로서 볼테르, 디드로, 루소 등의 사상이 근대 독일문화에 미친 영향과 맑스, 니체, 프로이드, 하이데거 등이 프랑스 현대 사상가들에게 미친 영향을 지적할 수 있을 것이다.

사상적 대립과 갈등의 대표적인 예로서는 20세기 후반 양국의 현대 사상계를 대표하는 두 진영 - 독일의 비판이론 제 2세대와 프랑스의 탈구조주의 사상가들 - 사이에 벌어진 이른바 '모던파 대 포스모던파의 논쟁' 을 들 수 있을 것이다. 유럽과 미

국은 물론 우리나라에까지 파급되어 미증유의 문화적 관심을 불러일으킨 이 논쟁은 많은 생산적인 결과를 낳기도 하였지만 결국 양측 사이의 메울 수 없는 입장의 간극을 확인하는 것으로 끝나고 말았다. 이제 어느 정도 거리를 두고 바라볼 수 있게 된 지금의 관점에서 돌아보면 이 논쟁의 핵심적 성격은, 진보를 위한 보편적 원칙을 마련하려는 입장과 통분 및 환원불가능한 개별성을 강조하는 입장 사이의 갈등으로 요약될 수 있을 것이다. 이것은 논증을 통해서는 해결될 수 없는 성격의 것이다. 이 글의 맥락에서 중요한 것은 이 논쟁의 배경에 독일과 프랑스의 상이한 문화사적 상황과 사상적 전통이 자리잡고 있음을 발견할 수 있다는 것이다.[1] 이러한 사상적 전통의 차이는 주로 근대 사상이 형성된 계몽주의 시대에 독일과 프랑스가 처해 있던 상이한 사회 · 문화적 상황에 기인한다.

독일문화와 프랑스문화에 나타나는 사상적 전통의 차이는 흔히 '가이스트Geist' 와 '에스프리esprit' 의 차이라는 말로 요약되곤 한다. 가이스트와 에스프리는 사전적으로는 모두 우리말의 정신을 의미하지만 그 안에 담긴 내적 함의는 현격히 다르다. 프랑스어 에스프리는 구체적인 사안에 대해 번뜩이는 기지를 발휘하는 섬세하고 예민한 정신을 의미한다. 반면에 독일어 가이스트는 근원을 탐색하고 보편적 체계를 구축하는 철저하고 강인한 정신을 가리킨다.[2] 이러한 차이는 무엇보다도 양국의 사상가들이 사용하는 문체에 명확히 반영되어 나타난다. 프랑스에서는 사상적 표현에 섬세하고 유려한 문학적 문체가 주로 사용되는 반면에 독일 사상은 거의가 건조하고 난삽한 학문적 문체로 표현되어 있다. 이러한 사실은 볼테르, 루소의 문체와 칸트, 헤겔의 문체, 혹은 현대의 경우 리오타르나 푸코의 문체와 하버마스, 가다머의 문체를 비교해보면 확연히 드러난다. 가이스트와 에스프리의 비교는 양국간 문화적 차이의 결과적 측면을 잘 설명해주지만 그 역사적 원인에 대해서는 전혀 알려주지 않는다. 그러한 설명은 또한 문화를 민족성 등과 같은 정신적 요소에 의해 결정되는 것으로 오인하게 할 위험성을 지닌다. 그러나 그러한 문화적 차이는 무엇보다도 근대 시민국가가 성립되는 과정에서 프랑스와 독일이 처해있던 상이한 역사적 상황과 밀접한 관련이 있다.

근대 사상의 토대가 이루어진 18세기 계몽주의 시대에 프랑스에는 중앙집권적인 근대국가 체제가 이미 형성되어 있었다. 부국강병책을 추구하는 절대왕정의 비호 아래 경제적 성장을 이룰 수 있었던 시민계급은 이 경제력을 바탕으로 하여 문화영역인 공론장을 장악함으로써 강력한 정치적 세력으로 떠오르고 있었다. 반면에 30년 전쟁의 참화와 더불어 근대를 시작한 독일의 경우에는 중세적 봉건체제가 여전히 강력한 힘을 발휘하고 있어 시민계급의 정치적, 경제적 성장이 커다란 장애를 받고 있었다. 계몽주의 시대에 들어오면서 독일의 시민계층도 문화영역에서 두각을 나타내기 시작했지만 시민계급이 처한 사회적 한계로 인해 이곳에서는 정치와 문화가 뚜렷이 분리되는 양상을 보였다.[3] 프랑스와 독일의 이처럼 상이한 사회사적 상황은 양국의 시민문화는 물론 현대 사상의 뿌리가 되고 있는 18세기 계몽주의 이래의 사상적 전통에도 커다란 차이를 만들어냈다. 그 중 가장 중요한 요인으로서 다음과 같은 측면들을 제시할 수 있다.

프랑스에서는 계몽주의 시대에 이르러 이미 시민계급이 거의 모든 문화적 수단을 장악하고 있었으며 출판을 중심으로 하는 문화시장이 상당한 규모로 발달되어 있었다. 문화시장에서의 성공은 시민계급 출신의 지적 능력을 지닌 젊은이가 명성과 부를 한꺼번에 거머쥘 수 있는 가장 빠른 길이었다. 이러한 성공을 보장해주는 열쇠는 당시 문화적 교류와 여론의 중심지 역할을 하고 있던 살롱에서 인정을 받는 것이었다. 살롱 문화는 볼테르, 루소, 디드로 등 근대 프랑스의 수많은 자유사상가들을 배출하는 온상이 되어주었다. 살롱에서 얻은 명성은 인세를 통한 부로 직결되었으며 그 덕분에 이들은 제도권 내의 직업에 예속되지 않고 자유로이 자신의 사상을 표현할 수 있었다. 살롱문화는 또한 근대 프랑스 사상가들의 사유와 문체에도 결정적인 영향을 미쳤다. 교양계층의 사교계라고 할 수 있는 살롱에서 성공을 거두기 위해서는 번뜩이는 기지와 유려한 문체가 요구되었기 때문이다.

근대이래 프랑스 지식인의 모범이 되고 있는 볼테르는 살롱문화를 모태로 하는 에스프리의 정신을 한 몸에 구현하고 있는 인물이었다. 그 덕분에 그는 프랑스 18세기의 공론장이었던 살롱에서의 성공이 가져다주는 모든 혜택을 누릴 수 있었다. 거창한 형이상학적인 문제를 해결하려는 노력은 이 계몽사상가와는 전혀 무관한 일이었다. 날카롭고 공격적이면서도 세련된 정신, 영리한 회의주의, 유려한 문체를 무기로 그는 살롱문화의 총아가 되고 교양계층의 영웅이 되었다. 그리고 이를 통해 그는 막대한 부와 커다란 명성을 획득하고 프리드리히 대왕을 비롯한 유럽 군주들의 친구가 되는 영예를 누릴 수 있었다.[4]

프랑스에 비해 시민사회의 발전이 훨씬 낙후되어 있던 독일

의 계몽주의 사상가들이 처해 있던 상황은 이와는 전혀 다른 것
이었다. 문화가 생산되고 소비되는 중심은 여전히 영주들의 궁
정이었으며 출판시장이 비약적으로 성장하고 있기는 했으나 그
규모는 프랑스에 비해 훨씬 미미하였다. 고급의 취미와 교양을
추구하는 일반독자층이 아직 발달되어 있지 못했기 때문이다.
이러한 상황으로 인해 프랑스에서처럼 저술만으로 생계수단과
명예를 얻는 자유사상가의 출현은 정치적, 경제적 이유에서 근
본적으로 불가능하였다. 시민계층의 지식인이 문화의 영역에서
생계수단과 명성을 얻는 것은 영주의 호의, 혹은 적어도 용인을
받아 관직을 얻는 것뿐이었다. 독일의 대표적 계몽사상가인 레
싱과 칸트가 나이 40이 넘어서야 궁정도서관 사서와 대학교수
직을 얻어 가까스로 기본적인 생활안정을 얻을 수 있었던 것은
그 단적인 예증이라 할 수 있다. 독일의 근대사상이 태어난 장소
는 정부기관인 대학이었으며 대표적인 사상가들은 예외없이 정
부관료인 대학교수들이었다.

　이처럼 일반 시민계층과는 유리된 전문학자들의 전공분야
내에서 사유가 이루어짐으로써 독일에서 사상은 이론적 엄밀성
과 철저성을 미덕으로 하는 학문적 특성을 지니게 되었다. 이러
한 사상적 전통은 오늘날에 이르기까지 여전히 지속되고 있다.
독일 사상의 특징으로서 흔히 지적되는 깊이와 폭, 다시말해 문
제의 궁극에 이르는 근원성과 모든 것을 포괄하는 보편성에의
열정은 이처럼 지배계층인 귀족계급과 피지배계층인 시민계급
사이에서 사회적으로 고립되어 특수한 집단을 이루고 있던 독일
사상가들의 상황과 밀접한 관련이 있다. 이러한 사유는 추상적,
정관적, 사변적, 비현실적인 것이 될 위험성도 다분히 내포하고

있다.[5] 사상의 표현이 좁은 범위의 전문지식인들만을 대상으로 하였던 것은 독일 사상가들의 문체에도 결정적인 영향을 미쳤다. 무한한 인내와 끈기를 요구하는 건조하고 난삽한 글쓰기, 독자를 고려하지 않는 고집스럽고 극단적인 표현방식은 오늘날에 이르기까지 여전히 독일 사상가들의 문체적 특징이 되고 있다.

근대 초의 상이한 역사적 상황으로 인해 프랑스와 독일의 사상적 경향이 대립되어 나타나는 가장 중요한 지점은 '중심'에 대한 입장이다. 일찌감치 강력한 중앙집권적 국가체제를 이룩한 프랑스의 경우 사상가들의 이론적, 실천적 노력은 이 중심에 저항하여 개인의 자유를 수호하는 것에 바쳐져 왔다. 사상의 자유를 위해 부르봉 왕조에 대항하였던 18세기의 볼테르, 드레퓌스라는 한 유태인 장교를 위해 정의의 이름으로 제 2공화국의 우파정부와 군부에 맞서 싸웠던 19세기의 에밀 졸라, 드골정권의 권위주의와 식민주의에 항거하는 반대시위에 앞장섰던 20세기의 사르트르는 모두 중심에 저항하여 개인의 자유를 지켜내려는 노력을 통해 각 세기를 대표하는 프랑스의 지식인상으로 추앙받고 있다.

반면에 300여 개의 영방 국가로 분열된 상태에서 근대의 문을 연 독일의 경우에는 그들에게 결여되어 있는 중심에 대한 동경이 거의 모든 지적 노력의 바탕에서 발견된다. 독일 사상의 특징으로 지적되는 근원에 대한 향수나 보편성의 추구는 모두 이 중심에 대한 동경의 표현이라고 할 수 있다. 계몽주의이래 독일 근대사상의 중요한 근본동기의 하나는 현실적으로 분열되어 있는 독일내의 수많은 국경을 초월하여 독일국민, 더 나아가서 인류를 하나로 묶어주는 보편적 원칙을 마련하려는 것이었다. 현실에 주어져 있지 않은 중심을 사상을 통해 이론적으로 정립하려는 노력은 보편적 이성의 토대를 마련하려 한 칸트의 비판철학에서부터, 역사를 보편적인 절대정신의 자기실현으로 파악한 헤겔의 역사철학을 거쳐, 언어의 화용론적 구조에서 보편적 합의의 원칙을 발견하려는 하버마스의 의사소통이론에 이르기까지 독일적 사유의 근본동기를 이룬다. 그러나 현실보다는 이론에 치중된 이러한 정신적 경향은 때로 독일 사상가들을 현실에 대한 도착된 이해로 이끌기도 한다. 독일의 사상사에서는 역사의 현실적 중심, 즉 군주나 지배자에 대하여 저항하기보다는 스스로가 정신적 중심이 되어 현실적 권력과 정신적 권력의 밀월 관계를 추구하려는 경향이 두드러지게 나타난다.

계몽전제군주인 프리드리히 대왕의 정신적 지도자가 되려하였던 칸트(그의 3대 비판서는 모두 프리드리히 대왕에게 헌정되었다), 프로이센 국가를 자유의 윤리적 이념이 실현된 절대정신의 현실태로 파악하고 자신의 철학을 이를 위한 입법적 원리로 여겼던 헤겔, 총통의 정신적 총통이 되고자 했던 하이데거 등은 그 대표적인 예증이라 할 수 있다.

지금까지 간략하게 살펴본 독일과 프랑스의 상이한 사상적 전통을 요약하면 프랑스에서는 사상이 현실적으로 주어진 세계에 대한 예민한 개인적 반응인 반면에, 독일의 사상은 현실에 주어져 있지 않은 이상적인 세계를 머리 속에 구축하려는 경향을 두드러지게 나타낸다고 할 수 있다. 이에 따라 가치지향에 있어서도 프랑스 사상에서는 개인주의적 자유가, 그리고 독일의 사상에서는 인류의 보편적 해방이 각각 보다 중요한 사유의 동기가 되어 왔다. 이처럼 상이한 사상적 전통은 프랑스와 독일의 현대 사상계를 대표하는 탈구조주의 진영과 비판이론 제 2세대에게서도 여전히 뚜렷이 나타나고 있다. 탈구조주의의 대표적 인물들에게서 두드러지는 특징은 그들의 전문영역이 상이하고 또한 매우 다양하다는 것이다. 즉 클로드 레비 스트로스는 인류학, 쟝 보드리야르는 매체이론, 쟈크 데리다는 철학사, 롤랑 바르트는 문학, 쟈크 라캉은 정신분석학, 쟝 프랑스와 리오타르는 미학, 그리고 미셸 푸코는 주로 역사에서 그들의 지적 작업영역을 찾고 있다. 프랑스 현대사상의 특징은 철학적 사유가 인문학 혹은 사회과학의 전문분야와 밀접히 결합되어 이루어지고 있다는 것이다. 따라서 프랑스 사상가들의 지적 작업을 전통적 의미에서의 철학이라고 이름 붙이기에는 많은 곤란함이 따른다. 더욱이 독일의 사상전통에서 철학의 고유한 과제로 여겨져 온 궁극적이고 보편적인 원리를 제시하는 일은 이들과 전혀 무관하다. 이들의 관심은 오히려 각자의 관심분야 내에서 실질적 전략에 입각한 구체적 분석을 통해 보편타당하다고 간주되어 온 기존의 사고방식들과 관념들의 허위성을 폭로하는 데 있다. 이들의 작업의 근본적 성격은 국지전, 혹은 게릴라전의 양상을 보인다.

하지만 이처럼 다양한 영역에서 벌어지고 있는 게릴라전에서 우리는 그리 어렵지 않게 하나의 일관된 지향성을 발견할 수 있다. 즉, 프랑스 사상가들은 각자가 전투를 벌이고 있는 연구영역에서 지배 이데올로기로서 기능하여 온 기존의 '중심들'을 '해체'하려 하고 있다는 것이다. 이러한 사고방식에는 근대의 보편적 '이성ratio'에 대한 깊은 회의가 자리잡고 있다. 다양한 전문영역에서의 지적 작업들을 관통하고 있는 이러한 내적 맥락의 일관성으로 인해 우리는 프랑스 현대 사상의 동향을 개별적 입장들의 미묘한 차이들에도 불구하고 큰 무리없이 하나의 커다란 흐름으로 묶어 제시할 수 있다.

프랑스의 경우와는 달리 독일에서의 중요한 지적 논의는 여전히 주로 철학계 내에서 이루어지고 있다. 그리고 그들의 철학적 과제 역시 전통적인 범주에서 크게 벗어나지 않고 있다. 근원을 탐색하거나 이성의 보편성을 확보하려는 노력은 여전히 독일철학의 커다란 특징을 이루고 있다. 하지만 현대 독일을 대표하는 철학자들에게서 그들을 하나로 묶어 주는 일관된 내적 맥락을 찾으려 한다면 우리는 많은 난관에 부딪히게 되고 결국 커다란 혼란만을 경험하게 될 것이다. 이는 무엇보다도 헤겔에게서 하나로 결합되어 나타나고 있는 근원성의 탐색과 보편성의 추구가 그 이후로 분열되어 날카롭게 대립하고 있기 때문이다.

거칠게 요약하면 현대 독일의 철학적 논의는 내적 체험의 깊이를 지향하는 전통노선과 진보의 보편적 원칙을 추구하는 전통노선 사이의 날카로운 대립구도 하에서 이루어지고 있다고 할 수 있다. 니체, 하이데거, 가다머로 이어지고 있는 비합리주의 노선과 마르크스에서 하버마스로 이어지는 합리주의 노선이 그것이다. 전자의 노선은 프랑스의 탈구조주의 진영과도 내밀한 연관성을 지니고 있는데 이렇게 볼 때 포스트모더니즘 논쟁은 독일의 대립되는 사상적 노선 사이의 갈등이 국제적으로 비화된 것으로도 해석될 수 있다. 물론 위의 두 노선 외에도 현대사회가 경험하고 있는 새로운 현실을 깊이 있는 통찰과 전문적 분석을 통해 비판하고 있는 철학자들도 있어 현대 독일 사상계는 다중의 중심을 지닌 지방분권적인 양상을 보여준다.

오늘날 독일의 철학적 논의는 이처럼 복잡하게 얽혀있는 다중의 중심들 사이의 교차선상에서 이루어지고 있다. 물론 이들은 상호간의 논의를 통해 서로 생산적인 자극을 주고받기도 한다. 하지만 서로의 근본적 입장을 놓고 논쟁이 벌어지는 경우 – 70년대에 있었던 가다머와 하버마스의 해석학의 "보편성 요구 Universalitätsanspruch"를 둘러싼 논쟁처럼 – 이것은 결국 서로의 철학적 입장이 그 출발점과 지향점에 있어 근본적으로 서로 다르다는 사실만을 확인하는 것으로 끝나고 만다. 결국 독일 현대 사상계의 전체적 모습을 하나의 지도로 그려보려 할 때 거기에서 발견하게 되는 것은 다중의 중심과 이들을 갈라놓고 있는 깊은 협곡, 그리고 그 사이에 복잡하게 얽혀있는 미세한 연결로들일 것이다. 즉, 프랑스의 경우와는 달리 현대 독일사상계는 정치적 동맹을 가능하게 해 주는 공동의 지향점을 발견하지 못하고 저마다 자신의 정당성과 보편성을 내세우는 여러 영주들에 의해 분할 통치되는 모습으로 나타나고 있다. 중앙집권적 틀 내에서 다양한 개성들이 분출하는 프랑스의 문화사적 전통과 지방분권적으로 분열된 상황 속에서 각자가 통일성과 보편성을 추구하는 독일의 문화사적 전통이 양국의 현대 사상계에서도 여전히 나타나고 있는 것이다.

2. 사유 패러다임의 변화 - 의식철학에서 언어철학으로

철학계파들 사이의 내적 공분모의 결여에도 불구하고 독일에서의 사상적 논의에는 그 범위를 한정하고 규정하는 외적 공약수가 감지되는데 그것은 다름 아닌 현대독일이 역사적으로 물려받은 부채로서의 나치시대와 제 2차 세계대전의 체험이다. 물론 제 2차 세계대전은 그것을 체험한 모든 국민들에게 커다란 고통과 충격을 뜻하는 것이기는 했지만 독일의 경우 거기에 전쟁을 일으킨 당사국이자 패전국으로서의 심리적 멍에와 '아우슈비츠'라는 이름으로 대변되는 나치의 만행이 청산해야 할 커다란 정신적 부담으로 덧붙여졌다. 패전국으로서의 정신적 상실감과 대학살의 죄과로 인한 도덕적 진공상태 속에서 독일 철학계에 주어진 우선적인 과제는 문화적 정체성을 회복하는 일이었다.

하지만 나치시대가 가져 온 파국에 의해 철저하게 불신받게 된 전통에 시간을 뛰어 넘어 재접목하는 일은 불가능한 일이었다. 즉 그것은 회복의 대상이면서 동시에 극복의 대상이기도 했던 것이다. 따라서 전통과의 재접목은 과거로의 단순한 회귀가 아니라 깊은 자기성찰과 치열한 논의를 수반하는 새로운 재획득을 뜻할 수밖에 없었다. 이러한 상황하에서 전통 전체, 다시말해 근대문화 전체에 대한 재성찰이 시도되기에 이르렀다.

호르크하이머와 아도르노의 『계몽의 변증법』은 그러한 재성찰의 핵심적 기록이다. 이 저서에서 엄청난 재앙을 가져온 20세기 전체주의 체제의 출현은 근대의 기도 즉 계몽주의의 기도에 내재되어 있는 근본적 폭력성의 산물로 인식되고 있다. 『계몽의 변증법』에 따르면 근대는 인간에게서 공포를 없애고 인간을 지배자의 위치에 놓는 것을 기도하면서 시작되었다. 계몽주의는 바로 그러한 기도의 사상적 표현이다. "계몽주의는 미신을 타파하고 지식을 통해 망상을 깨뜨리려 하였다." 그런데 이 "계몽주의가 다시 미신에 빠지고 말았다."[6] 이것이 『계몽의 변증법』 전체의 주제라고 할 수 있다. 이러한 계몽의 자기배반은 계몽주의가 그 사유에 있어 "도구적 이성instrumentale Vernunft"에 의존하고 있기 때문이다. 도구적 이성은 모든 객체 즉 다른 인간과 자연을 오직 도구로서만 사유한다. 다시말해 타자를 그 자체로서 고려하지 않고 자신의 필요를 기준으로 해서 평가한다. 따라서 도구적 이성에게 있어 주체의 객체에 대한 관계는 근본적으로 폭력적이며 전체주의적이다. 20세기의 비극은 엄청난 기술능력(자연에 대한 지배를 뜻하는)이 전체주의적 지배체제(다른 인간에 대한 지배를 뜻하는)와 결탁하여 나타났다는 데 있다. 『계몽의 변증법』에 따르면 이러한 상황의 출현은 주체에 의한 객체의 지배를 본질로 하는 근대적 사유에 이미 내재되어 있었다는 것이다. 이러한 근대적 사유는 그 창시자인 데카르트의 '생각하는 자아Cogito'에 이미 핵심적으로 표현되어 있다. 주체와 그의 의식을 토대로 하는 데카르트 이래의 철학적 패러다임과 그에 내재된 파국적 결과에 대한 비판적 성찰은 독일뿐만 아니라 20세기 후반의 서구 인식론 전반을 관통하는 근본동기가 되고 있다.

오늘날 서구철학 전체의 근본적 특징을 이루고 있는 언어에 대한 깊은 관심은 이로부터 이해될 수 있다. 즉 언어는 인간과 인간, 인간과 자연 사이의 상호주관성을 담보해 주며 이에 따라 주체를 넘어서서 타자das Andere를 긍정하는 새로운 인식론적 패러다임의 가능성을 열어준다. 언어의 상호주관성을 매개로 하여 전통철학의 문제를 새로운 철학적 패러다임 위에서 성찰하는 것은 합리주의와 비합리주의로 대별되는 독일의 두 철학적 노선 모두에게 공통되어 나타난다.

인식의 언어적 상호 주관성에 대한 강조는 가다머 철학의 핵심을 이룬다. 현대 독일의 가장 중요한 철학자의 한 사람인 가다머는 하이데거의 현존재의 존재론과 "비춤과 감춤Lichtung und Verbergung"의 상호작용으로서의 진리개념, 그리고 무엇보다도 인간실존의 존재양식으로서의 '이해Verstehen' 개념을 토대로 하여 이를 그의 철학적 해석학으로 확장하고 있다. 19세기에 슐라이어마허와 딜타이를 거치면서 그 학문적 개념이 정초된 해석학은 원래 역사적 기록이나 문헌 그리고 더 나아가서 감추어진 저자의 의도를 올바르게 이해하는 기술을 뜻했었다. 이러한 올바른 해석의 기술로서의 해석학은 이해를 주관적 의식과 객관적 대상 사이의 관계의 문제로 파악하고 있었다. 그후 하이데거는 이해가 세계를 경험하고 해석하는 현존재의 근본적 존재방식임을 보여줌으로써 이해의 실존적 성격을 강조하였다. 이렇게 하여 '이해'의 문제는 역사 속에서의 인간 실존의 '자기해석 Selbstauslegung'으로 파악된다. 가다머의 철학적 해석학은 이러한 하이데거적 이해개념의 바탕 위에서 이해의 과정적이고 대화적인 성격을 새로이 조명함으로써 해석학에 새로운 지평을 열어주었다.

가다머에 따르면 대화의 구조적 특성은 그것이 "사이Zwis-chen" 속에 존재하며 그 안에서 스스로를 전개해 나간다는 것이다. 이해의 과정적이고 대화적인 성격을 강조함으로써 해석과 이해의 문제는 하이데거적 실존의 폐쇄적 성격에서 풀려 나와 상호주관적 개방성으로 확대되게 된다. 이렇게 하여 이제 이해는 과거의 문화와 지금의 문화 사이의 매개로서의 상호 대화의 관계로서 파악되는데 이와 같이 대화를 통해 이해가 발생하는 것을 가다머는 "지평융합Horizontverschmelzung"이라고 부르고 있다. 지평융합이 이루어지는 장소가 바로 언어이며 언어는 그 본질에 있어 대화로서 나타난다. 이와 같이 가다머의 철학적 해석학은 이해의 언어성, 다시 말해 인식의 상호주관성을 강조하고 있다. 이러한 이해의 부단한 지평융합적 성격, 즉 항상 "다르게 이해하는 것Anders-Verstehen"으로서의 이해개념은 또 한편으로는 전통적인 보편타당한 진리개념을 포기하는 것을 의미한다. 물론 여기에서 말하는 "다르게 이해하는 것"은 자의적으로 행해지는 것이 아니라 그 자신이 항상 역사적 맥락에 구속되어 있으면서 그에서 출발하여 그것을 넘어서 나아가는 것을 뜻한다. 따라서 철학적 해석학은 무한한 상대주의 속으로 진리개념을 소멸시키는 것이 아니라 그것을 지평융합으로서의 대화의 계기 속에 보존하고 있다. 하지만 영원히 보편타당한 진리를 확정하는 것은 유한한 역사적 실존으로서의 인간에게는 주어져 있지 않다는 것이 가다머의 지론이다.[7]

실존의 한계를 근거로 하여 보편적 인식이 불가능하다고 주장하는 입장에 반대한다는 점에서 아펠과 하버마스는 합리주의 전통의 연장선상에 서 있다. 그들은 모든 이해와 진술을 상대성 속에 빠뜨리는 비합리주의의 위험성을 경고하고 이성의 필연성을 새로운 차원에서, 다시말해 새로운 패러다임으로 재건해 내고자 한다. 이때 이들이 근거로 삼고 있는 것도 마찬가지로 진술의 언어성과 상호주관성이다. 이들에게 있어 이제 이성의 필연성은 상호주관적 이해를 매개로 하여 그때 그때 실제적으로 조정될 수 있는 추론적 논증을 뜻하게 된다.

아펠은 모든 지식의 궁극적 근거를 마련하려는 데카르트와 칸트 이래의 오랜 대륙철학의 전통을 새로운 차원에서 전개해 나가고 있다. 데카르트가 그의 '방법적 회의'를 통해 결코 더 이상 의심할 수 없는 확고한 근거fundamentum inconcussum를 찾아내어 그로부터 모든 지식을 합리적으로 연역하려 하였듯이 아펠 또한 우리의 회의가 더 이상 "물러날 수 없는unhintergehbar" 지점을 제시하여 지식의 합리적 토대를 마련하려 한다. 하지만 아펠에게서는 이 토대가 데카르트적 주체로부터 언어적 상호 주관성으로 옮겨지고 있다.

다시말해 데카르트의 주관적인 "생각하는 나"가 아펠에게서는 상호주관적인 "말하는 우리"가 되고 있는 것이다. 아펠에 따르면 철학의 토대를 정초하는 일은 순환논법이나 무한소급에 빠지고 마는 논리적 연역의 의미에서의 증명에 있는 것이 아니라 본래적으로 항상 전제되어 있고 요청되어 있는 것을 반성적으로 제시하는 것이다. 아펠이 제시하는 궁극적 근거는 모든 철학은 그것이 설령 전적으로 회의주의적이고 불가지론적 입장을 취하고 있다고 할지라도 그것을 논증Argument해야만 한다는 사실이다. 우리가 어떤 것을 주장하는 한 우리는 언어행위 속에 있으며 따라서 우리는 언어개념에 내재된 합리성 요구에서 결코 벗어날 수 없다는 것이다. 아펠에 따르면 극단적인 거부는 자신이 실제로는 긍정하고 있는 것을 진술상으로 거부하고 있음으로 해서 "수행상의 자기모순performativer Selbstwiderspruch"에 빠지고 만다. 결국 논증의 "아프리오리Apriori"에서 빠져나갈 수 있는 탈출구는 존재하지 않는다.

이와 같이 해서 아펠은 칸트의 "선험성Transzendentalität"을 현대적으로 재획득한다. 하지만 여기에서의 선험성은 더 이상 칸트에게서처럼 주체의 의식이 아니라 논증이라고 하는 언어적 상호주관성에 그 근거를 두고 있다.

하버마스 역시 검증의 토대와 척도로서의 합리성을 옹호하고 그러한 합리적 척도를 의사소통적인 논증절차에서 찾는다는 점에서 아펠과 입장을 같이 한다. 하버마스가 합리성을 옹호하는 주된 이유는 사회비판을 행하고 인간사회의 총체적 진보를 보편적으로 규정할 수 있는 척도를 마련하기 위한 것이다. 즉 하버마스에게 있어서는 합리성이 역사적 상대주의를 극복하고 계몽주의와 맑스주의의 전통 위에서 진보의 이념을 재획득하기 위해 요청된다. 이에 따라 하버마스는 합리성의 토대를 주장함에 있어서는 보다 유연하고 겸허한 입장을 취하지만 합리성에 대한 요청에 있어서는 보다 단호하고 보편주의적이다. 그는 칼 포퍼 Karl Popper에 동의하여 지식의 보편타당한 토대들이 존재하지 않을 수도 있다는 것, 그리고 아펠이 제안한 방법도 궁극적인 보장은 되지 못한다는 것을 인정한다. 하지만 합리적 논증을 위해서는 그밖에 다른 대안이 없으며 우리가 이성적 존재이기를 원하는 한 우리는 이것을 포기할 수 없다는 것이다. 이에 따라 하버마스에게 있어 합리적 논증은 그 자체의 타당근거가 아니라 인간성의 이념에 토대를 두고 있다. 의사소통적 합리성의 포기는 권력과 폭력의 지배를 뜻하며 이는 진보적 계몽과 사회적 정체성의 파괴에 이르게 된다는 것이다.

여기에서 하버마스의 철학적 지향이 분명히 드러난다. 즉, 그는 아도르노와 호르크하이머가 분석한 계몽의 자기모순과 질곡Aporia를 현대의 언어철학적 성과를 통해 풀어내어 계몽의 이념을 다시 건져내려 하는 것이다. 아도르노와 호르크하이머는 계몽의 출발점인 진보와 해방의 이념과 그 결과로 나타난 전체주의적 폭력성 사이의 자기모순을 분석함에 있어 여전히 주체와 객체의 변증법이라는 기존의 철학적 패러다임에 의존하고 있었다. 그러한 의식철학Bewußtseinsphilosophie의 패러다임 하에서는 대립구조의 매개가 불가능함으로 인해 필연적으로 아포리아에 봉착할 수밖에 없게 된다. 아도르노가 그러한 모순 사이의 화해Versöhnung의 가능성을 현실 역사의 장에서 찾지 못하고 미학과 메시아적 유토피아에로 옮겨 놓을 수밖에 없었던 것은 그러한 의식철학적 패러다임의 한계로 인한 것이었다.

하버마스는 언어행위 자체에 내재된 의사소통적 합리성의 구조를 찾아냄으로써 그러한 한계를 극복하려 한다. 그는 특히 존 설John R. Searle의 언어행위이론Sprechakttheorie에 입각하여 그의 이른바 "수행적 행위illokutionäre Handlung"에 대한 연구를 자신의 "의사소통행위이론Theorie des Kommunikativen Handelns"으로 확장시켰다. 이 이론은 진술의 보편적 "타당성요구Geltungsanspruch"를 구성해 내는 것에 중점을 두고 있는데 이 타당성요구는 이상적 의사소통의 모델로서 기능하며 또한 하버마스가 모든 의사소통의 목표로 간주하는 동의Konsensus의 전제조건을 이룬다. 이러한 동의의 사회적 관습화는 그 사회의 진보의 정도를 가늠하는 규범적 척도로서 기능할 뿐만 아니라 역사의 궁극적 지향이기도 하다. 즉 상호의사소통을 통한 동의의 관습화와 제도화에 의해 기술, 법규, 정책결정 등은 도구적 합리성의 폭력적 관계에서 풀려나 의사소통적 합리성의 민주적 관계로 옮아가며 이를 통해 계몽은 미몽에서 다시 깨어나 진보의 참된 이념을 재획득하게 된다. 이를 알브레히트 벨머는 계몽의 "자기극복Selbstüberschreitung der Aufklärung", 혹은 "계몽의 계몽Aufklärung der Aufklärung"이라고 부르고 있다. 이를 통해 이제 계몽은 주체 객체의 대립구조의 경직된 질곡에서 풀려나 상호주관적 매개를 통한 참된 변증법적 지양에로 나아갈 수 있게 된다는 것이다. 여기에서 현대철학에 있어서의 의식과 주체에 대한 언어와 상호주관성의 우선권이 다시 확인된다.

3. 새로운 윤리학의 요청 - 민주적 보편윤리

하버마스의 경우에서 분명히 드러나고 있듯이 언어와 그에 내재된 상호주관성에 대한 관심은 그 자체로서 인식론의 차원을 넘어서는 윤리학적이고 가치철학적인 함의성을 지닌다. 현대 독일 철학은 윤리학적 문제들에 특별히 예민한 관심을 보여왔다. 이는 나치시대의 죄과를 유산으로 물려받은 전후 독일의 지식인들에게 그들의 역사가 부과한 과제이기도 했다. 미국의 오랜 문화적 전통이며 오늘날 포스트모더니즘의 기치하에 프랑스에서도 만연하고 있는 상대적 다원주의에 대한 독일 철학계의 알레르기적 반응은 이로부터 이해할 수 있다. 즉, 그러한 상대주의는 나치즘 역시 다른 가치들과 동등한, 혹은 적어도 용인될 수 있는 상대적 가치의 하나로서 인정하게 되는 결과에 이르게 하기 때문이다. 결국 폭력을 배제할 수 있는 분명한 기준을 제시하면서도 그 스스로는 비폭력적인 윤리학의 수립이 독일 철학에 제기된 요청이었다. 이를 보편윤리와 민주적 사고의 결합을 가능케 하는 윤리학이라고 표현할 수 있을 것이다.

이러한 윤리학의 가능성 역시 복잡한 우회로를 거칠 필요없이 언어의 상호주관성에서 직접적으로 찾아진다. 왜냐하면 상호의사소통은 그 자체 내에 비폭력적 대화의 개념을 지니고 있기 때문이다. 이렇게 하여 언어철학의 문제와 윤리학적 문제가 하나로 통일되는데 아펠의 윤리학은 이에 대한 좋은 예증이다.

단순히 지식의 보편적 근거를 마련하는 것보다는 이론이성과 실천이성의 통일을 통해 윤리학을 혁신하는 것이 본래부터 아펠의 철학적 목표였다. 아펠에 따르면 합리성이 의사소통에서 그 궁극적 근거를 찾는 한 그것은 이미 행위를 전제하며 따라서 이론이성은 필연적으로 실천이성과 연결될 수밖에 없다. 따라서 논증에 내재된 이론이성적 선험성은 그 자체로서 실천이성적 선험성이기도 하다. 다시말해 논증을 하는 자는 그와 동시에 이미 윤리의 문제에 결부되어 있다는 것이다. 이러한 전제를 통해 아펠은 "담론 윤리학Diskursethik"에 도달하게 되는데 여기에서의 '정언적 명령'은 행위의 갈등을 가능한한 의사소통적으로 해결하라는 '메타규범Metanorm'의 모습으로 나타난다. 이렇게 해서 "네 의지의 준칙이 항상 동시에 보편적 입법의 원리로서 타당할 수 있도록 행위하라"는 칸트의 엄격한 요구는 이제 "논증하라 argumentieren"라고 하는 한 마디의 간결한 요구로 요약된다.

하버마스는 이러한 아펠윤리학의 원리를 정치적 차원으로 확대시켜 전개한다. 즉 그는 아펠의 윤리적 규범의 문제를 법규범에 적용하여 민주주의의 원칙을 제시한다. 이에 따르면 법규범이 민주적 타당성을 얻기 위해서는 논증Argument을 통해 정당화되어야만 한다. 여기에서의 논증은 합리적 의사소통을 위한 정당한 절차를 뜻한다. 그러한 요구가 함축하고 있는 것은 진정한 민주적 과정을 거치지 않은 행정편의주의적인 입법에는 정당성이 결여되어 있다는 것이다. 여기에서 비판되고 있는 것은 단지 법치주의의 외양만을 갖추었을 뿐 정보와 정책논의 및 결정과정에 시민들의 참여가 가로막혀 있는 정치체제이다.

언어적 이해가 지니는 민주적 윤리성의 함의는 독일 철학계에서 정치적 보수주의를 대표하는 가다머에게서도 발견된다. 그는 이해의 대화적 구조를 강조하면서 진정한 의미에서의 대화는 상대방의 관점에 개방적으로 함께 참여하고 더 나아가 자신이 틀릴 수도 있음을 기꺼이 인정할 준비가 되어 있을 때 성립한다고 이야기한다. 그것이 책이나 예술품 등의 역사적 대상이건 아니면 다른 사람이건 간에 실존의 부단한 자기이해로서의 대화를 통한 지평융합은 타자에 대한 진지한 관심과 존중을 전제로 해서만 가능하다. 이렇게 해서 하이데거의 고독한 선구적 실존은 가다머에게서 민주적인 대화적 실존으로 변형된다.

4. 현대 과학기술문명 비판

현대 독일철학의 또 하나의 커다란 흐름은 가치철학적 입장에서의 현대 과학기술문명비판이다. 여기에서 그 배경이 되고 있는 것도 또한 제 2차 세계 대전의 참혹한 체험이다. 현대 과학기술문명에 대한 비판적 성찰은 인간과 세계의 형이상학적 가치를 다시금 환기시켜야 한다는 철학적 요구로 나타났다. 이러한 문제의식을 대표하는 철학자로 한스 요나스를 들 수 있다. 가다머의 철학에서는 하이데거 철학의 윤리적 변형이 단지 암시적으로 드러나고 있는 반면에 한스 요나스는 하이데거 철학의 연장 선상에서 곧장 윤리학과 가치철학의 문제로 달려간다.

그는 『존재와 시간』의 핵심개념의 하나인 "심려Sorge"를 하이데거처럼 인간 현존재에 한정시키지 않고 살아있는 모든 유기체의 존재방식으로 설명한다. 동물, 식물과 인간을 막론하고 모든 생명체에게서 가장 중요한 문제는 무엇보다도 그의 존재 자체이다. 죽음을 숙명으로 하는 모든 생명은 "존재와 비존재Sein und Nichtsein" 사이에서 동요하며 따라서 끊임없이 죽음의 위협 안에서 자기보존을 위해 투쟁한다. 이러한 투쟁은 생명체로서의 존재의 존엄과 특수한 실존의 권리의 표현이다. 이로부터 요나스는 형이상학적 성격을 지니는 일종의 생명의 윤리학을 요청한다. 이 윤리학의 핵심은 "책임의 원리Das Prinzip Verant-wortung"로 표현된다. 여기에서의 책임은 개별적 행위의 결과에 대한 개별적 책임을 뜻하는 것이 아니라 유기체의 생명계 전체와 그 미래에 대한 무한 책임을 뜻한다.

이러한 윤리적 요청의 배경에는 통제와 조망이 불가능하게 된 20세기의 과도한 기술적 능력이 생명계 전체에 대한 위협이 되고 있다는 현실인식이 가로놓여 있다. 금세기의 대량살상전쟁은 오늘날의 인류가 보유하게 된 가공할 기술력에 대한 경악의 감정과, 인류의 의식이 그가 지닌 힘만큼 성숙하지 못하였다는 비판적 성찰을 불러 일으켰다. 한스 요나스의 철학은 이러한 성찰을 바탕으로 하고 있다. 이에 따라 요나스는 행위와 그 결과의 조망 가능성을 전제로 하였던 기존의 "근거리의 윤리학Ethik der Nähe" 대신에 미래 전체에 함께 참여하고 있는 생명체로서 그에 대한 책임을 의식하는 "원거리의 윤리학Ethik der Ferne"
을 제창한다. 이렇게 하여 요나스는 하이데거 철학에 내재되어
있던 기술문명에 대한 폐쇄적이고 향토적인 거부감을 미래를 향
해 개방된 보편적인 윤리적 요청으로 확대한다. 이러한 윤리적
요청을 요나스는 칸트의 어법을 빌어 다음과 같이 표현한다.
"네 행위의 작용이 지상에서의 참된 인간 생명의 영속성과 일치
할 수 있도록 행위하라."[8]

조망과 통제의 한계를 넘어선 기술문명의 위협에 대한 성찰
과 경고는 현대 독일 철학의 주된 관심사의 하나이다. 이러한 문
제의식을 대표하는 철학자로서 우리는 칼 프리드리히 폰 바이책
커를 들 수 있을 것이다. 그는 독일에서 생태계 파괴의 위험성을
문제로 제기한 최초의 과학자이자 철학자로서, 그가 단초를 마
련한 논의들은 오늘날 지적, 사회적으로 커다란 영향력을 행사
하고 있다.

그는 오늘날의 환경 위기가 근대의 논리에 이미 내재되어 있
었다고 해석한다. 즉 근대의 기술문명이 성취해 낸 것들의 이면
에는 자연을 지배와 착취의 대상으로만 간주하는 사고방식이 자
리잡고 있으며, 그로부터 초래된 오늘날의 환경의 위기가 드러
내 보여주는 것은 그러한 근대적 이성이 결국 전체로서의 자연
에 대해 무지한 비이성 위에 기초하고 있다는 사실이다. 이러한
관점은 아도르노와 호르크하이머가 『계몽의 변증법』에서 행하
고 있는 근대성 비판과 거의 다르지 않다. 하지만 그가 제시하는
처방은 프랑크푸르트학파의 입장과 전혀 다르다.

그는 근대문화의 내적 동기인 소유와 지배에의 의지 대신에

금욕의 문화를 오늘날의 인류가 나아가야 할 길로 제시한다. 다시말해 대량생산과 소비의 체제를 지탱해 주는 소유욕을 단념하고 검소와 겸양, 자기억제의 미덕에 기초한 "민주적 금욕"만이 환경파괴와 그에 따르는 인류적 위기에서 벗어나게 해 주는 길이라는 것이다.

기술문명의 위협에 대한 바이책커의 깊은 관심에는 제 2차 세계 대전 동안 독일 〈우라늄 협회〉의 일원으로 참여하여 핵분열 기술이 초래할 위험성을 가장 가까이에서 들여다보았던 그의 개인적 체험이 가로놓여 있다. 독일을 대표하는 핵물리학자의 하나인 그는 전후에 오토 한Otto Hahn, 베르너 하이젠베르크 Werner Heisenberg, 막스 본Max Born 등과 함께 〈괴팅엔 선언 Göttinger Erklärung〉에 서명하고 모든 핵무기와 전쟁에 대한 단호한 반대입장을 표명하였다. 하지만 인류를 이러한 가공할 기술력의 위협에서 벗어나게 하려면 무엇보다도 '의식의 전환'이 거기에 선행해야 한다고 그는 주장한다. 이에 따라 그는 요나스와 마찬가지로 인류와 미래 전체에 대한 인간의 무한한 책임을 환기시키고 과학과 기술 그리고 정치 모두가 기술적 지식을 넘어선 도덕적 선에 깊은 관심을 기울일 것을 요구한다. 이를 위해 그는 무엇보다도 세계를 외경의 눈길로 바라보는 종교적인 감성을 새로이 불러일으킬 것을 제안한다.

핵무기가 불러일으킨 인류 절멸의 위협은 귄터 안더스Günther Anders의 철학에서도 핵심을 이루는 체험이다. 히로시마는 그에게 있어 역사를 나누는 분기점을 의미한다. 히로시마에 원자폭탄이 떨어진 그 순간에 계몽의 근대는 끝나버리고 새로운 시대가 시작되었다는 것이다. 이 새로운 시대란 다름아닌 종말의 묵시록의 시대이다. "이 시대가 아무리 오래 유지되는지 간에, 심지어 그것이 영원히 유지된다고 할지라도 그것은 항상 최후의 시대이다."[9]

이에 따라 이제 모든 인식은 종말의 공포에 대한 사유이며 모든 윤리는 저항에의 참여를 뜻해야 한다. 그는 이성과 감성, 지식과 실천, 기능과 책임이 분열된 현대사회에서의 고립된 삶을 증언하는 데 모든 지적 열정을 바쳤다. 지적 성실성과 사상의 자유를 위해 그는 현실제도와의 타협을 단호히 거부하였다. 이러한 입장에서 그는 대학에서의 철학 연구와 논의를 거부하고 - 1957년 베를린 자유대학이 그에게 교수직을 제안했을 때 그는 이것을 거부하였다 - 1990년 비인에서 죽을 때까지 정치적 문제와 반전운동에 직접적으로 적극 참여하였다. 그러나 이것이 구체적인 사회현실을 외면하고 윤리적인 가치만을 시야에 두려 하는 것을 의미하는 것은 결코 아니다. 오히려 그는 현대 매체문화의 현실을 날카롭게 분석하고 비판한 최초의 사상가에 속한다. 안더스가 주목하고 있는 것은 대중매체가 지배하는 현대사회에서 인식에 대한 전통적인 이해가 뒤집히게 되었다는 사실이다. 전통적인 인식론은 실재와 모사를 구분하고 실재에 존재론적 우위를 부여하는 진리론에 바탕을 두고 있었다. 그러나 대중매체가 사건을 만들어내는 오늘날의 매체사회에서 실재는 사건을 모사하는 듯이 보이는 매체에 의해 오히려 구성된다. 즉, 이제 "실재는 영상의 모사가 되어버린다"[10]는 것이다. 실재가 모사인 영상매체의 모사가 되어버린 이 도착된 세계에 대한 안더스의 분석은 쟝 보드리야르가 "시뮬라시옹의 시대"라는 말로 우리시대에 제기하고 있는 문제를 선취하고 있다고 할 수 있다.

하지만 오늘날의 매체문화가 부정적 측면만을 지니고 있는 것은 아니다. 예를 들어 나치의 범죄에 대해 알고 있지 못했던 독일의 일반시민들에게 홀로코스트의 참상을 보여주어 현대독일이 과거청산에 대한 근본적인 합의를 이루게 한 것이나 베트남 전쟁의 실상을 보여주어 반전운동이 전세계적으로 확산되는데 기여한 것 등은 현대매체가 지닌 긍정적 가능성을 보여주는 대표적 예라고 할 수 있다. 문제는 골프전쟁이나 최근 이라크 전쟁의 예에서 볼 수 있듯이 매체의 힘을 의식하게 된 정치가들과 군장성들이 검열을 통해 정보의 자유를 제한하려 한다는 것이다. 따라서 정보화사회로 일컬어지는 현대에 있어 철학의 전통적인 주제인 진리와 자유의 문제는 매체가 시민사회와 관계를 맺는 방식과 밀접하게 연관되어 있다고 할 수 있다.

이러한 문제의식에 근거하여 라디오와 TV 등 대중매체는 물론 인터넷에 이르기까지 현대의 매체가 인간의 지각방식과 사고방식에 미치는 영향을 깊이있게 분석하고, 현대 매체문화의 문제점과 가능성을 동시에 성찰하고 있는 철학자로서 빌렘 플루써 Vilém Flusser를 들 수 있다. 귄터 안더스와 마찬가지로 유태계 철학자인 플루써는 나치의 손에 부모형제를 모두 잃고 브라질로 망명하여 그곳에서 작은 라디오회사의 건립에 함께 참여하면서 이 경험을 바탕으로 자신의 철학을 전개하였다. 그는 새로운 매체의 도래에 의한 "코드의 변환"을 지적하고 0-1의 이원적 구조에 기초한 새로운 상징체계인 "디지털 코드"를 현대문화의 특징으로 제시한 최초의 인물에 속한다. "이제 숫자가 문자로부터 스스로를 해방시키기 시작하였다. 우리는 눈이 귀에 대하여 우선권을 획득하게 되는 혁명의 증인들이다. 우리는 더 이상 문자적으로가 아니라 숫자적으로 생각한다."[11] 플루써는 인류의 문화에서 가장 중요한 의미를 지니고 있는 상징체계를 선사시대의 그림코드와 역사시대의 문자코드 그리고 현대의 디지털코드로 구분하고 그것이 인간의 의식에 미치는 영향을 다음과 같이 요약한다. 고대의 그림코드는 구체적이었다. 그러나 이것은 인간의 의식을 마술적이고 신화적인 원형적 구조에 제한시킨다. 선형적이고 논리적인 근대의 문자코드는 인간의 의식을 이러한 원순환으로부터 해방시켰으나 문자와 숫자의 추상성에 빠지게 했다. 그러나 이제 컴퓨터에 의한 영상매체시대의 도래와 더불어 다시금 구체적인 그림코드가 복귀하게 되었다. 그러나 이 영상매체가 제공하는 그림코드는 선사시대의 그림코드와는 근본적으로 다른 성격을 지닌다. 이 새로운 그림코드는 평면에 그려진 것이 아니라 점들의 조합인 모자이크로 이루어져 있다.

　이것이 의미하는 바는 이제 현대인은 더 이상 고대처럼 원형적으로 사고하거나 근대처럼 선형적으로 사고하는 것이 아니라 점형적으로 사고한다는 것을 의미한다. 다시 말해 현대의 영상언어는 구체적으로 혹은 추상적으로 표상된 것이 아니라 '계산된compute' 코드이다. 오늘날의 컴퓨터 시대가 인간의 의식과 문화에 미칠 혁명적 영향을 플루써는 다음과 같이 요약하고 있다. 오늘날의 "독자는 저장된 정보를 불러내기 위해 화면 앞에 앉는다. 이제 중요한 것은 사용 가능한 정보요소들을 능동적으로 연결시키는 일이다. 저장된 정보요소들로부터 의도된 정보를 생산해내는 것은 이제 독자 자신이다. 그는 행을 읽어내려가는 것이 아니라 자기자신의 네트를 스스로 자아낸다."[12]

플루써의 매체문화 분석은 컴퓨터와 인터넷이 인간의 지각
방식과 사고방식에 미치는 영향에 그치는 것이 아니라 그것이
인류사회에 가져다줄 새로운 가능성과 위험성을 예고하는 것에
로 나아간다. 그는 매체에 의한 정보소통방식을 분석하여 수신
자와 송신자 사이의 관계를 다발형(Bündel)과 네트형(Netz)으로
구분하는 것으로 논의를 시작한다. 다발형은 라디오나 TV처럼
정보의 송신자와 수신자의 관계가 일방적인 경우를 가리키고 네
트형은 전화처럼 상호적인 관계망을 이루는 것을 뜻한다. 컴퓨
터와 인터넷에 의한 정보혁명의 시대가 지니는 긍정적 가능성이
네트형에 있다는 것은 굳이 설명할 필요가 없을 것이다.

하지만 그 반대의 경우인 다발형이 사회적으로 관철될 경우
에는 조지 오웰이 『1984년』에서 그려낸 디스토피아가 실제의
현실로 나타나게 될 것이다. 결국 정보화사회에서의 민주주의는
네트형의 정보소통방식을 지켜내는 데 달려있다고 할 수 있다.
실제로 정보를 독점하기 위해 다발형을 지향하는 정치권력 및
자본권력과 네트형의 정보소통방식을 지키려는 네티즌 사이의
갈등은 이미 전세계적으로 중요한 사회적 현안이 되고 있다. 정
보소통이 어떤 방식을 취하게 되느냐에 따라 현대 매체사회가
전체주의 사회로도, 자율적 사회로도 나아갈 수 있다는 플루써
의 경고는 정보화를 특징으로 하는 포스모던 사회에 대한 리오
타르의 분석과 진단을 선취하고 있다고 할 수 있다.

5. 새로운 불투명성

지금까지 살펴본 대로 현대 독일철학은 다양하고 상이한 입

장에서 전통과 현실을 매개하고 있다. 위에서 필자는 그러한 입장들의 차이에도 불구하고 거기에 공통적으로 작용하고 있는 하나의 체험을 제시하려 하였다. 그것은 오늘날에 이르기까지도 독일인들의 의식에 깊이 각인되어 있는 20세기의 역사적 비극에 대한 체험이다. 역사적 단절의 체험과 그 극복에의 노력은 현대 독일철학의 바탕에서 작용하고 있는 근본적 경험과 동기를 이룬다. 전후 아데나워 시기의 재건기와 60년대 후반의 변혁기를 거쳐 오늘날에 이르면서 시대가 요구하는 바에 따라 문제의 중점들은 추이와 변화를 겪어왔고, 문제에 대한 접근도 각각의 전통노선에 따라 서로 다르게 나타나고 있지만 우리는 거기에서 하나의 뚜렷한 공통점을 읽어낼 수 있다. 그것은 언어철학에 대한 깊은 관심과 윤리적 문제에 대한 예민한 의식이다. 위에서 간략하게 소개한 현대독일을 대표하는 철학자들은 이러한 두 가지 근본동기를 축으로 하여 그들이 속한 철학적 전통을 시대의 요청에 맞게 탈바꿈시켜 왔다. 그리고 이제는 그 성과가 어느 정도 조망될 수 있는 시기에 이르렀다.

그러나 80년대 이래로 '포스트모더니즘'이라는 이름으로 요약되는 지적 유행사조가 프랑스와 미국으로부터 밀려들어오면서 독일 사상계의 지형도 커다란 변화를 겪고 있다. 이성비판, 포스트구조주의, 해체주의, 실용주의, 화용론 등이 담론이론, 철학적 해석학 및 사회비판이론 등과 다양하게 연결되고 논쟁하면서, 상대적으로 뚜렷한 영역을 확보하고 있던 기존의 전통노선들 사이의 경계를 동요케 하고 있다. 이런 과정에서 하버마스가 이미 60년대에 그 철학적 영향력이 끝났음을 선언한 니체가 프랑스에서 역수입되어 새로운 부활을 경험하고 있기도 하다. 하버마스는 이러한 상황을 "새로운 불투명성neue Unübersichtlichkeit"
이라는 이름으로 그려낸 바 있다. 이것을 우리는 독일 현대철학
이 전통과의 관계 모색을 마치고 새로운 단계로 접어든 징후로
해석할 수도 있을 것이다. 하지만 이것이 어떤 길로 나아갈 것인
가를 예측할 수 있기 위해서는 아직 많은 시간이 필요할 것이다.

1990년의 통일과 더불어 독일은 중대한 문화사적 변혁기를
맞이하고 있다. 국제적으로는 냉전체제의 종말을 가져오고, 독
일 국내적으로는 분단체제의 종식을 안겨다준 이 역사적 사건은
독일 지식인계층의 지형에 커다란 지각변동을 일으키고 있을 뿐
만 아니라 통일독일의 문화사적 정체성 모색이라는 중대한 과제
를 독일 지식인들에게 던져주었다. 통일된 민족국가의 출현이
국내외적으로 전체주의적 지배체제와 팽창주의적 전쟁이라는
세계사적 파국을 몰고왔던 독일의 역사적 경험을 고려할 때 국
내의 민주주의와 국제적 평화연대를 가능케 하는 사상적 논의는
시급한 과제가 아닐 수 없다. 그러나 독일의 통일이 예상치 못한
시점에 급작스럽게 이루어진 탓으로 독일 지식인 사회는 이 과
제를 능동적으로 수행하기보다는 오히려 이 문화사적 사건이 불
러일으킨 변화의 급류에 휘말려 있는 듯하다.

냉전체제의 종식에 따른 이념의 종언, 좌우 대립구도의 해체
에 따른 가치스펙트럼의 다원화, 대중매체사회의 도래가 초래한
지식인 역할의 쇠퇴 등이 오늘날 지식인 사회가 직면하고 있는
새로운 상황들이다. 세계화된 자본과 대중문화가 지배하는 오늘
날의 시대에 지식인의 사상이 과거에 지녔던 문화사적 의미와
역할을 잃어가고 있다는 것은 옳은 지적일 것이다. 지식인이 종
교적 사도의 역할을 넘겨받았던 시대, 지식인이 역사의 방향을

제시하던 시대, 지식인이 사회적 영웅으로 추앙되던 시대는 이
제 지나갔다. 하지만 영예는 사라져도 과제는 사라지지 않는다.
전통을 현재에 접목하고 당위와 현실을 매개하여 문화적 정체성
을 비판적으로 이해하는 일은 인간의 문화가 존속하는 한 지식
인과 사상에 주어진 과제로 남아있을 것이다. 인간은 '이해하
는' 존재이며 이 이해의 바탕 위에서만 개인과 공동체의 미래를
모색할 수 있기 때문이다. 통일독일의 사상계에서 이러한 과제
가 어떻게 수행되어 나갈지는 여전히 분단상황 속에서 살고 있
는 우리에게도 무척 중요한 관심사가 아닐 수 없다. 그 구체적
방향을 미리 예측하는 것은 성급한 일이지만 한 가지 분명한 것
은 통일독일의 현실이해와 미래지향이 전통과의 대화 속에서 이
루어지리라는 것이다. 모든 사상은 전통과의 열린 대화를 통해
생성되는 것이기 때문이다. 다음 장부터 소개할 철학자들은 현
재와 미래의 독일 사상계가 전통과 나눌 대화에서 만나게 될 가
장 중요한 인물들이라 할 수 있다.

| 주석 |

1. 포스트모더니즘 논쟁의 문화사적 의의에 대해서는 이 책의 마지막 장에서 상세하게 다루게 될 것이다.

2. 괴테는 프랑스어 'esprit' 는 기지(機智)를 의미하는 독일어 'Witz' 에 가까우며 프랑스어 'esprit' 에는 독일어 'Geist' 에 들어있는 생산성의 개념이 결여되어 있다고 지적한 바 있다. Johann Peter Eckermann, Gespräche mit Goethe 1831년 3월 21일의 대화 참조.

3. 독일에서 문화의 개념에 특별한 의미가 부여되어 '문화Kultur' 와 '문명 Zivilisation' 이 대립되는 개념으로 이해된 온 것은 이러한 사회사적 상황에 기인한다. 이에 대한 자세한 논의는 노르베르트 엘리아스, 『문명화 과정 I』, 한길사 1999, 105-148쪽 참조.

4. 아놀드 하우저, 『문학과 예술의 사회사』 근세편 下, 창작과 비평사, 1985, 16쪽 이하 참조.

5. 아놀드 하우저는 독일 사상의 이러한 경향을 신랄하게 비판하고 이를 독일 "지식인 계층의 소외"의 결과로 파악하고 있다. 아놀드 하우저, 『문학과 예술의 사회사』 근세편 下, 창작과 비평사, 1985, 127쪽 이하.

6. Max Horkheimer/Theodor W. Adorno, Dialektik der Aufklärung, GS. Bd. 3, Frankfurt. a. M. 1984, S. 19.

7. 다음 장부터 별도의 장을 마련하여 자세히 소개하고 있는 철학자들에 대해서는 이 장에서는 인용주를 달지 않았다. 그밖의 철학자들의 경우에는 주를 달아두었다.

8. Hans Jonas, Das Prinzip Verantwortung, Versuch einer Ethik für die technologische Zivilisation, Frankfurt. a. M. 1979, S. 36.

9. Günther Anders, Thesen zum Atomzeitalter, in: ders., Die Atomare Drohung, München 1981, S. 93.

10. Günther Anders, Die Antiquiertheit des Menschen, Bd. I, ber die Seele im Zeitalter Über zweiten industriellen Revolution, München 1956, S. 179.

11. Vilém Flusser, Die Schrift, Hat Schreiben Zukunft? 2. Aufl., Göttingen 1989, S. 29 f.

12. Ebd. S. 150 f.

II
도구적 이성에서
의사소통적 이성에로

하버마스Jürgen Habermas의 계몽의 구원

II. 도구적 이성에서 의사소통적 이성에로
– 하버마스Jürgen Habermas의 계몽의 구원 –

1. 사상의 배경

현대철학의 최대의 논쟁점은 계몽주의 이래로 지난 3세기 동안 서구의 정신사를 지배해 온 합리주의적 사고방식에 대한 반성과 평가의 문제라고 할 수 있다. 여기에서 계몽주의의 문제는 지난 시대의 하나의 지적, 예술적 사조가 아니라 르네상스, 신대륙의 발견, 종교개혁 등과 더불어 시작하여 여러 차례의 혁명적 변화를 거쳐 오늘날에 이르기까지 근대문화 전체를 관통하면서 발전해온 합리주의적 사고방식 및 그에 기초한 역사적 기획을 의미한다.

근대 계몽주의는 진보에 대한 무한한 믿음과 이를 통한 인간해방이라는 위대한 이상을 인류에게 제시하였다. 계몽주의는 이러한 이상을 가능케 해주는 토대를 인간의 이성에서 찾았다. 계몽주의는 기존의 종교적 세계관을 합리적 세계관으로 대체함으로써 인류를 신화적 미몽과 자연의 공포, 제도의 억압에서 해방시키려 하였다. 계몽주의는 종교의 권위를 합리적 인식으로 대치하려 하였고 억압적인 관습을 민주적인 제도로 개혁하려 하였으며 과학과 기술을 발전시켜 자연력을 통제하고 생산력을 증대시키려 하였다. 막스 베버는 근대의 이러한 합리화 과정을 탈마법화 과정Entzauberungsprozess으로 설명한 바 있다.

그러나 근대화 과정이 고도로 추진된 20세기에 와서 인류는 계몽주의가 원래 꿈꾸었던 것과는 전혀 다른 현실을 체험하게 되었다. 즉 정신적으로는 인간의 정체성이 상실되고, 사회적으로는 획일적 관료주의와 소외의 문제가 심각하게 대두되었으며 자연력의 무분별한 통제와 착취는 핵무기에 의한 인류절멸의 위협과 환경파괴라는 무서운 결과를 가져왔다. 결국 인류는 억압과 공포에서 벗어난 것이 아니라 오히려 더욱 커다란 억압과 공포에 직면하게 된 것이다. 정체성 상실에 따르는 도착된 가치가 고도의 기술력과 획일적인 관료주의적 행정과 결합한 결과가 20세기의 전체주의적 국가체제이며, 강제수용소와 대량학살은 그 가장 끔찍한 표현이라 할 수 있을 것이다. 계몽의 본래의 의도와 그것이 가져온 결과 사이의 이처럼 커다란 괴리를 근본적으로 성찰하려는 시도를 우리는 아도르노와 호르크하이머의 『계몽의 변증법』에서 발견할 수 있다.

『계몽의 변증법』에 따르면 서구의 근대는 "인간에게서 공포를 없애고 인간을 지배자의 위치에 올려 세우는 것"을 기도하면서 시작되었다. 이것을 칸트는 "자신의 잘못으로 빠져 든 미성년 상태에서 벗어나 자신의 이성을 자발적으로 사용하려는" 기도라고 요약한 바 있다. 그런데 "지식을 통해 미신을 타파하고 망상을 깨뜨리려 하였던", 그 "계몽주의가 다시 미신에 빠지고

말았다"는 것이 『계몽의 변증법』 전체의 주제라고 할 수 있다.[1]

『계몽의 변증법』은 모든 것을 획일화하고 도구화하는 '도구적 이성instrumentelle Vernunft'에서 계몽주의 자체에 내재된 미신을 발견한다. 근대적 이성이 토대로 하고 있는 보편성과 필연성은 수학을 그 모범으로 삼고 있다. 이러한 사고방식은 자연을 수학적 논리에 기초하고 있는 물리학의 대상으로만 인식하고 인간과 사회 역시도 통계적으로 처리하려 한다. 이에 따라 자연계의 사물들과 심지어 인간조차도 그 고유한 의미와 가치를 박탈당하고 수학과 역학의 대상으로 획일화되고 도구화된다. 자연의 고유성에 대한 이러한 망각은 동시에 자연적 존재로서의 인간의 자기망각을 뜻하며 그 결과로서 나타난 것이 현대세계의 총체적 소외Entfremdung이다. 『계몽의 변증법』에 따르면 20세기의 전체주의적 국가체제의 출현은 획일적인 도구적 이성이 만연한 결과이다.

『계몽의 변증법』에 나타나고 있는 이처럼 음울한 시대진단은 이 글이 나치와 2차 세계대전의 참화가 유럽을 지배하고 있던 시대에 저술되었다는 사실에 주로 기인한다. 더구나 프랑크푸르트학파의 대표자들은 그들이 망명하고 있던 미국에서도 자본주의의 소외만을 체험하였고 그 무렵 대부분의 지식인들처럼 그들이 유일하게 희망을 걸고 있던 마르크스주의조차도 스탈린의 전체주의적 압제로 퇴행하는 것을 목격해야만 했다.

하지만 그들의 비판이론은 이처럼 단지 절망적인 시대진단에만 머무르는 것이 아니라 주체와 객체, 인간과 자연, 인간과 인간 사이의 분열을 극복하고 화해와 해방의 가능성을 모색하는 전향적 노력이기도 했다. 그러나 이들의 모색은 구체적인 사회적 실천가능성을 제시하지 못하고 단지 심리적 공감대를 제공하는 것에 머물고 말았다. 이들의 이론을 경전으로 삼았던 68년의 학생운동가들이 아도르노와의 대담에 실망하고 분노하여 그를 강연대에서 모욕적으로 끌어내린 것은 어느 정도는 이러한 사정에 기인하는 것이었다.

아도르노의 화해에의 모색이 지니는 한계는 무엇보다도 그가 여전히 전통철학의 패러다임 위에서 사유하고 있다는 점에 있었다. 즉, 그는 아직도 주체-객체의 대립을 도식으로 하는 의식철학Bewusstseinsphilosophie을 사유모델로 하고 있었으며 언어를 주관적 개념으로만 이해하고 있었다. 아도르노는 자신의 철학적 목표를 개별적das Individualistische이고 비동일적인 것 das Nichtidentische의 구원에 두고 있으면서도 이처럼 언어를 도구적 이성에 예속된 보편적이고 동일적identisch인 개념으로만 이해함으로써 그에게 있어 철학은 아포리아Aporie로 나타날 수밖에 없었다. 아도르노에게 있어 철학의 아포리아는 그것이 "개념을 통하여 개념을 넘어서려는 안간힘"[2]일 수밖에 없다는 데 있다. 이렇게 하여 아도르노는 개념을 넘어선 곳에 진리를 위치시킨다. 아도르노에게 있어 진리는 화해의 유토피아를 의미하는데 이 화해의 유토피아가 직접적으로 현현하는 유일한 장소는 비개념적인 것으로서의 예술이다. 이러한 예술의 진리는 소외된 현실 속에는 존재할 수 없으므로 초월적인 성격을 지닌다. 예술 체험으로서의 이러한 초역사적 진리는 지속적이지 못하고 순간적으로만 현현한다. 예술과 철학이 지니는 이러한 각각의 한계는 또다시 아포리아에 봉착하고 만다. 이 아포리아는, 철학은 진리를 인식할 수는 있지만 자체 내에 진리를 지니고 있지 못하고 예술은 진리를 자체 내에 지니고 있지만 그 진리를 인식하지 못한다는 데에 있다.[3] 이렇게 하여 아도르노의 사유는 철학과 예술이 만나는 장소인 미학의 종합없는 부정 변증법 속에서 끊임없이 맴돌 수밖에 없게 된다.

　이처럼 보편적 이성을 오로지 도구적 이성으로만 파악하는 사유가 해방을 위한 공동의 사회적 실천 가능성을 담보해 주지 못한다는 것은 필연적인 귀결이다. 공동의 선을 위한 공동의 실천은 보편적 이성을 전제로 할 수밖에 없기 때문이다. 따라서 화해의 가능성을 초역사적 피안으로부터 현실 역사의 공간으로 옮겨놓기 위해서는 도구적 이성이 아닌 이성을 찾아내야만 한다. 프랑크푸르트학파 제 2세대를 대표하는 인물인 하버마스는 이러한 이성을 언어의 상호주관성에서 발견하여 아도르노 철학의 한계를 극복하려 하고 있다. 아도르노는 언어를 주관적 개념으로 이해하였기 때문에 아포리아에서 빠져 나올 수 없었다. 하지만 『계몽의 변증법』에서 전개되고 있는 것처럼 도구적 이성에 대한 비판이 가능하다는 것은 이미 도구적 이성을 넘어 서 있는 이성의 존재를 전제로 한다. 이것을 하버마스는 '의사소통적 이성kommunikative Vernunft' 으로 파악한다. 도구적 이성의 주관적 폐쇄성과 획일성 그리고 폭력성을 극복할 수 있는 개방적이고 상호적인 이성이 확보되면 민주적 종합, 다시 말해 비폭력적 보편성도 가능하게 된다. 그리고 이와 동시에 공동선의 미래를 지향하는 계몽의 본래의 이념도 구원을 얻게 된다. 알브레히트 벨머Albrecht Wellemer는 이것을 "계몽 자체에 대한 계몽 Aufklärung der Aufklärung selbst"이라고 부르고 있다.[4]

　『계몽의 변증법』에 나타나고 있는 두 가지 계기, 즉 계몽에

대한 비판과 계몽의 변증법적 극복에서 어디에 주안점을 두는가
에 따라 근대에 대한 역사적 평가가 갈라진다. 오늘날 이른바
'포스트모더니즘 논쟁'이라고 불리는 이 역사평가의 문제는
1980년대를 전후한 시기에 촉발되어 20세기를 결산하는 문화
사적 사건으로 확대되었다. 이 논쟁은 다양한 논점과 분야를 포
괄하는 광범위한 차원에서 전개되었지만 그 논쟁의 핵심에 자리
잡고 있는 것은 근대문화와 역사에 대한 두 가지 상반된 관점이
다. 포스트모던의 주창자와 옹호자들은 근대의 기획 전체에서
근본적인 오류와 도착성을 발견한다. 이들은 근대문화가 정신적
토대로 삼고 있는 이성의 필연성과 보편성에 이미 전체주의적
폭력성의 계기가 내재해 있다고 생각한다. 이러한 관점에 따르
면 20세기가 겪은 참혹한 체험 – 집단적 광기, 강제적 국가기
구, 두 차례에 걸친 세계대전, 인간의 소외와 환경파괴 등 – 은
데카르트 이래의 주관주의적 이성의 논리적 귀결이라는 것이다.
더 나아가 이들은 소크라테스와 플라톤이래 서구철학의 이성중
심적 사유전통에 이미 왜곡과 폭력의 계기가 잠재되어 있다고
주장한다. 계몽주의와 이성의 한계에 대한 이러한 비판적 입장
은 니체와 하이데거를 거쳐 오늘날 특히 프랑스 포스트구조주의
사상가들에 의해 근본적으로 제기되고 있다.

반면에 또 다른 편에서는 근대문화에 잠재된 부정적 측면과
해방적 가능성을 함께 인정하면서 아직 "미완성된 기획ein
unvollendetes Projekt"[5]인 근대를 완성하기 위해 계몽에 내재된
긍정적인 근본이념을 건져내려 한다. 따라서 여기에서의 이성비
판은 이성에 대한 전면적 거부가 아니라 근대적 사고방식의 편
협성과 한계를 극복하게 해주는 새로운 이성의 가능성을 제시하

려는 노력으로 나타나고 있다.

이러한 두 가지 상반된 입장을 가늠하게 해주는 또 하나의 중요한 시금석은 마르크스주의에 대한 태도이다. 포스트모더니 즘의 주창자들은 모든 해방과 유토피아에의 이념을 폭력적이고 도착된 환상으로 간주한다. 이들은 스탈린주의의 테러를 마르크 스주의에 내재된 근본적 폭력성의 결과로 해석한다. 이에 따라 극우적인 나치즘의 논리나 극좌적 스탈린주의의 논리는 모두가 근대적 사고방식의 편협하고 성급한 폭력성의 산물이며 결국 같 은 혈통에서 나온 이란성 쌍둥이일 뿐으로 간주된다. 20세기의 참혹한 정치적 테러의 체험에 근거하여 이제 모든 유토피아에의 환상은 '거창한 설화'에 불과한 것으로서 거부된다.

반면에 계몽의 옹호자들은 정신분석학이나 사회적 상호작용 이론, 현대의 언어철학적 성과를 수용하여 경제 결정론의 경직 성을 완화함으로써 마르크스주의에 내재된 해방의 이념을 구원 하고 미래를 향한 실천의 가능성을 담보해 내려 한다. 위르겐 하 버마스는 현대 독일에서 계몽과 이성 그리고 해방의 이념을 계 승하고 있는 가장 중요한 철학자라고 할 수 있다.

2. 하버마스의 철학적 노정

하버마스는 1926년 6월 18일 뒤셀도르프에서 부유한 관료집 안의 아들로 태어났다.[6] 독일 계몽주의 정신의 대표적 후계자들 인 아펠Karl-Otto Apel과 하버마스가 모두 1920년대에 뒤셀도 르프에서 태어났다는 것은 흥미로운 사실이다. 괴팅엔Göttingen 대학과 쮜리히Zürich 대학에서 철학, 역사, 문학, 경제학 등을

공부한 후 그는 1950년에 에리히 로탁커Erich Rothacker에게서
철학을 공부하기 위해 본으로 간다. 그곳에서 그는 이미 로탁커
문하에서 실질적으로 철학 세미나를 주도하고 있던 아펠과 만나
평생의 지기가 된다. 쉘링에 대한 논문으로 본에서 박사학위를
받은 후 그는 1955년에서 1959년까지 아도르노와 호르크하이머
가 이끌고 있던 프랑크푸르트 사회연구소의 연구조교로 활동한
다. 이곳에서 그는 『공론장의 구조변동Strukturwandel der
Öffentlichkeit』을 교수자격논문으로 제출하지만 아도르노의 반
대에 부딪혀 거부당하는 좌절을 겪는다. 결국 그는 이 논문을 마
부르크 대학의 볼프강 아벤트로트Wolfgang Abendroth 교수에
게 제출하여 교수자격을 획득한다.

　1961년에 하이델베르크 대학의 철학 및 사회학교수로 취임
하면서 그는 1949년부터 이 대학의 철학교수로 재직하고 있던
가다머Hans-Georg Gadamer와 개인적, 철학적 교류를 갖게 된
다. 이 무렵 그는 가다머의 철학적 해석학을 비판이론적 관점에
서 성찰하여 비판적 해석학을 전개한다. 1971년에 그는 바이책
커Carl Friedrich von Weizsaecker와 공동으로 슈타른베르거에
〈과학적 기술적 세계의 생활조건 탐구를 위한 막스 플랑크 연구
소Starnberger Max-Planck-Institut zur Erforschung der
Lebensbedingungen der wissenschaftlich - technischen Welt〉를
설립하여 공동책임자로 활동한다. 1983년에 그는 프랑크푸르트
대학의 교수로 초빙받아 아도르노의 자리를 물려받는다. 정년으
로 은퇴할 때까지 그는 이 대학에서 가르쳤다. 은퇴한 후에도 그
는 활발하게 강연 및 집필 활동을 계속하면서 현대 정신계에 커
다란 지적 영향을 미치고 있다. 현대 서구철학계에서 가장 많은

관심과 논의를 불러일으키고 있는 독일 철학자를 찾는다면 별다른 논란의 여지없이 하버마스를 꼽을 수 있을 것이다. 그가 몇 년 전 한국을 방문했을 때 한국의 언론과 학계가 보여준 열렬한 반응은 그의 철학이 우리 지식인 사회에서도 커다란 관심의 대상이 되고 있음을 보여주고 있다.

　하버마스의 약력에서 주목되는 점은 그가 현대 독일 철학의 가장 중요한 사조들의 대표자들 거의 모두와 밀접한 개인적 교분을 갖고 있다는 사실이다. 즉, 이성의 보편성을 추구하는 칸트 이래의 전통노선을 대표하는 아펠, 마르크스주의의 연장선상에서 사회비판을 통해 해방의 가능성을 추구하는 프랑크푸르트학파의 아도르노와 호르크하이머, 하이데거의 실존 존재론을 철학적 해석학으로 계승한 가다머, 현대 환경철학의 대표적 인물인 칼 프리드리히 폰 바이책커 등과 그는 대학 및 연구소에서 직접적으로 활동을 함께 하였으며 이를 통해 그들의 철학을 자신의 사상에 비판적으로 수용하고 있다. 그밖에도 그는 막스 베버 Max Weber의 사회학, 니클라스 루만Niklas Luhmann의 시스템이론Systemtheorie, 미드Geoge Herbert Mead와 파슨즈Talcott Parsons의 사회이론, 영미의 분석철학과 언어철학, 현대 정신분석학 등의 성과들을 자신의 사상체계에 수용하고 있다. 또한 그가 다루고 있는 분야 역시도 현대 사회와 문화 그리고 사상과 예술의 거의 모든 영역을 포괄하고 있다. 이에 따라 그의 사상체계의 범위와 그가 다루고 있는 문제의 영역은 가히 백과사전적이라 할 만하다. 뿐만 아니라 하버마스는 모든 중요한 사상적 논쟁에서 항상 중심적 위치를 차지해 왔다. 그 중에서 몇 가지 중요한 예로서 실증주의 논쟁 – 그의 초기 대표작인 『인식과 관심』

은 이 문제를 심도 있게 다룬 저술이다 -, 가다머와의 해석학 논쟁, 리오타르와의 포스트모더니즘 논쟁 등을 들 수 있을 것이다. 이처럼 광범위한 사상체계를 보이고 있음에도 불구하고 그의 사상에는 일관된 철학적 에토스가 바탕에 깔려 있다. 하버마스의 철학에 내재된 근본적 의도는 현실의 모순을 비판하여 해방된 미래를 지향하기 위한 보편적 이론과 공동의 사회적 실천 가능성을 확보해 내는 데 있다. 이 점에서 하버마스는 자신이 계몽주의에서 마르크스주의를 거쳐 비판이론으로 이어져 온 전통노선의 계승자임을 자부한다. 물론 하버마스는 그러한 전통노선을 단순히 답습하고 있는 것이 아니라 현재의 입장에서 비판적으로 계승하고 있다. 이하에서는 이러한 하버마스 사상의 중심주제들을 개관해 보고자 한다.

3. 인식과 실천의 통일

마르크스는 『포이에르 바하에 관한 테제』의 저 유명한 마지막 명제에서 철학에 새로운 과제를 부여한 바 있다. "지금까지 철학자들은 세계를 단지 서로 다르게 '해석' 해 왔을 뿐이다. 하지만 이제 문제는 세계를 '변혁' 시키는 것이다." 파르메니데스의 전통에 따라 세계의 본질을 변화하지 않는 존재로 이해하건 헤라클레이토스처럼 생성으로 이해하건 간에, 그리고 존재의 본질을 정신으로 파악하건(유심론) 물질로 파악하건(유물론) 간에 고대 그리스 이래로 철학은 세계를 이론적으로 해석해 왔을 뿐이다. 이러한 순수한 이론적 태도는 현실세계의 질서를 추상화하고 절대화하여 그 모순을 은폐하는 기능을 한다. 마르크스가 볼 때 참된 철학적 인식은 구체적 사회 현실 속에서 이루어지는 인간의 실천적 활동을 통해 얻어지는 것이며 철학의 진정한 사명은 그러한 실천적 인식과 활동을 통해 기존 질서를 비판하고 변혁시키는 데 있다. 여기에서의 실천은 개인적 인간의 개별적 실천이 아니라 '사회적 인간'이 함께 '인간적 사회'를 건설해 나가는 공동의 실천을 뜻한다.

하지만 마르크스가 철학에 부여하고 있는 이러한 새로운 과제는 엄밀히 말해 완전히 새로운 것은 아니었다. 계몽주의가 스스로에게 부여한 묵시적인 – 혹은 명시적인 – 과제는 기존의 모순된 세계를 전인류적 차원에서 진보된 이상적 세계로 '변혁'하려는 것이었다. 이 점에서 마르크스는 18세기 계몽주의의 19세기적 계승자라고 할 수 있다.

하버마스가 자신의 철학에 부여하고 있는 근본과제는 계몽주의에서 마르크스주의에로 이어지는 그러한 실천과 변혁의 철학적 전통을 20세기적으로 계승하는 일이라고 요약할 수 있을 것이다. 하버마스 자신도 그의 철학 전체는 20세기의 세계에서 이론과 실천 – 『이론과 실천Theorie und Praxis』은 그의 초기저서의 제목이기도 하다 – 을 재통합하려는 노력이라고 증언한 바 있다. 이러한 입장에 근거하여 하버마스는 인식의 객관성과 법칙성을 주장하는 객관주의적 사고방식에 비판을 가한다. 그는 냉전시대의 양 진영을 대표하는 이데올로기인 실증주의와 교조적 마르크스주의에서 공히 그러한 객관주의적 사고방식을 발견한다. 이 사고방식은 자신의 인식이 순수한 이론과 법칙에 근거하고 있는 듯이 가장함으로써 그 이론 자체에 대한 근본적 성찰을 방해하고 결국 현실체제의 모순을 은폐하는 이데올로기로서 기능한다. 인식론적 객관주의에 대한 이러한 비판은 1968년에 발표된 『인식과 관심Erkenntnis und Interesse』에서 폭넓게 전개되고 있다.

『인식과 관심』은 1961년 튀빙엔 사회학 대회를 계기로 촉발된 아도르노 진영과 포퍼 진영 사이의 이른바 '실증주의 논쟁Positivismusstreit'의 연장선상에서 나온 것이다. 하버마스가 여기에서 제기하고 있는 근본적인 질문은 학문과 일상생활에 있어 순수하게 객관적인 판단이라는 것이 과연 가능한가라는 것이었다. 이러한 문제제기를 통해 하버마스가 보여주려 하는 것은 순수한 객관적 인식이란 존재하지 않으며 모든 인식에는 이것을 인도하는 이해관계와 관심이 동반된다는 것이다. 그는 이러한 관심이 생겨나는 근원을 후썰Edmund Husserl이 말한 '생활세계Lebenswelt'에서 찾음으로써 인식의 현실관련성을 강조한다.

하버마스는 현실과 관련된 다양한 인식관심을 두 가지로 분류한다. 경험적이고 분석적인 학문, 즉 자연과학에 있어서는 기술적인 인식관심technisches Erkenntnisinteresse이 지배적이고 역사적, 해석학적인 학문, 즉 정신과학에 있어서는 실천적인 관심이 주도적이다. 그리고 자연이나 사회와의 기존의 일상적 관계에 문제가 생겨날 때 그 문제를 해결해 내려는 노력이 우리를 학문연구에로 이끈다. 이러한 통찰에 근거하여 하버마스는 현실적 관심으로부터 완전히 자유로운 인식은 있을 수 없다는 니체의 지적에 동의를 표한다.

『인식과 관심』에는 후썰과 니체 외에도 가다머의 해석학과 퍼스Charles Sanders Peirse, 미드George Herbert Mead 등의 미국 실용주의의 영향이 확인된다. 하버마스는 이들 철학자들을 원용하여 실증주의가 내세우는 객관적 인식의 허구성을 드러내고 인식관심의 불가피성을 강조한다. 이를 통해 하버마스가 지향하는 바는 아도르노와 호르크하이머의 사상적 연장선상에서 비판적 학문을 정초하는 일이었다. 이러한 비판적 학문의 궁극적 관심은 사회적 실천 가능성을 담보하여 해방을 실현하는 데 있다.

해방의 역량을 이성의 비판적 성찰 자체 내에서 찾아내려는 시도는 하버마스 철학의 근본동기가 되고 있다. 체제 내에서의 개량주의적 진보를 지향하는 표퍼류의 실증주의나 하부구조의 결정론에 집착하는 교조적 마르크스주의는 현실을 비판적으로 성찰하는 인간의 주체적이고 능동적인 능력을 도외시하고 있다는 점에서 참된 해방의 가능성을 열어 주지 못한다. 이러한 비판적 성찰을 보여주는 학문적 모델을 하버마스는 당시 프랑크푸르트학파의 일반적 조류에 따라 정신분석학에서 발견한다.

그 창시자인 프로이드의 경우에서 이미 명백하게 볼 수 있듯이 정신분석학은 연구와 자기성찰의 병행을 요구한다. 정신분석학에서는 치료, 즉 질병으로부터의 해방이 의사의 일방적인 능력에 의해서 이루어지는 것이 아니다. 의사는 환자와의 대화를 통해 환자가 근본적인 자기성찰에 이르도록 이끌 뿐이며 따라서 치료를 위해서는 환자 자신의 능동적인 참여가 필수적이다. 더구나 정신분석학은 이러한 대화를 통한 자기성찰을 환자에게 뿐만 아니라 치료를 담당하는 정신분석자 자신에게도 요구하고 있다. 이러한 정신분석학적 대화의 모델은 후에 그의 주저서인 『의사소통행위이론Theorie des kommunikativen Handelns』으로 발전되고 있다.

정신분석학은 이처럼 해방이 인간주체의 자기성찰과 능동적 실천에 의해서만 가능하다는 것을 보여준다는 점에서 하버마스에게 중요성을 지닌다. 그리고 바로 이러한 입장으로부터 하버마스는 정신분석학의 또 다른 측면에 대해 비판을 가한다. 정신분석학이 성찰과 실천의 차원에서 이탈하여 인간의 심리적 발전과정을 객관주의적 이론으로 정립하려 한다면 정신분석학은 또다시 인간을 자연과학적 법칙성에 종속시키는 잘못을 범하게 된다는 것이다. 이것은 인간의 심리를 유년기의 성적 체험의 고착으로 설명하려는 프로이드의 시도에서 가장 명백하게 드러난다. 이처럼 인간의 정신을 자연과학적 결정론에 의해 설명하려 하는 경우 인간의 능동적 자기성찰과 실천의 가능성은 설 자리를 잃게 되고 따라서 해방의 진정한 가능성도 소멸되고 만다.

하버마스의 마르크스 비판 역시도 이와 동일한 논리에 의해서 이루어지고 있다. 하버마스는 마르크스가 인식의 상이한 두 영역인 자연계와 인간사회를 노동의 개념을 통해 하나로 종합하고 있음을 지적한다. 마르크스는 이처럼 노동을 생산력과 생산관계에 종속시키고 하부구조의 우위에 의한 경제결정론을 전개함으로써 인식하고 말하며 행위하는 주체의 능력이 지니는 가능성을 성찰하지 못하게 만들고 있다는 것이다. 이러한 비판을 통해 하버마스는 자연과 인간사회라는 두 인식영역을 엄격히 분리하는 방향으로 나아간다. 다시 말해 하버마스는 경제적 하부구조에 대한 상부구조의 상대적 자율성을 강조한다.

이처럼 하버마스가 상부구조의 상대적 자율성을 강조하는 것 역시도 인간주체의 능동적 실천을 통해서만 인간의 진정한 해방이 이루어질 수 있다는 인식에 근거한다. 결국 하버마스가 생각하는 해방된 사회란 인간존재가 자신이 생활하고 있는 제반 환경들에 대해 보다 고양된 이해에 도달함으로써 자신들의 운명을 능동적으로 통제하는 그러한 사회인 것이다. 이에 따라 하버마스는 마르크스와 프로이드의 이론이 비판과 실천의 가능성을 제시하는 한에서만 그들을 수용하고 그것이 인간주체와 무관한 객관주의적 자연과학의 외양을 띠고 나타나려 할 때는 그것을 비판한다.

　이러한 입장에서 하버마스는 인식을 구성하는 관심을 세 가지 형식으로 분류한다. 이 세 가지 인식관심은 인간세계의 세 가지 측면에 각각 상응한다. 그 첫 번째는 인간사회의 생존기반을 이루는 물질적 생산과 교환의 측면이다. 하버마스는 마르크스의 '노동' 개념을 이 영역에 한정시킨다. 이 영역에서는 자연력을 이용하고 통제하는 것이 주된 관심으로 나타난다. 자연과학과 기술은 그러한 관심의 산물이며 이러한 관심이 실증주의적 인식태도를 낳는다. 이러한 인식태도가 지배적이 됨으로써 도구적 이성의 만연으로 인한 현대사회의 소외의 문제가 생겨났다. 마르크스와 프로이드의 경우도 당대의 조류인 실증주의적 인식태도에 침식됨으로써 그들의 이론에 잠재된 해방적 힘을 훼손시키고 말았다. 인간 사회의 두 번째 측면은 '상징적 상호작용 symbolische Interaktion'과 관련된 의사소통적 영역이다. 이 영역에서는 그러한 상징의 체계인 예술, 문화, 역사의 의미에 대한 관심이 주도적으로 나타난다. 해석학적 정신과학은 이러한 관심의 산물이다. 이러한 관심이 과도하게 되면 비합리적이고 신비주의적인 인식태도가 생겨난다. 세 번째 인식 구성적 관심은 인간사회의 권력 및 지배관계와 관련된다. 이로부터 행위의 자율성과 지배로부터의 자유를 획득하려는 해방적 관심이 생겨난다. 비판적 학문은 이러한 관심의 산물이다.

하버마스는 이러한 각각의 인식관심 영역이 지니는 고유성을 강조하고 이들을 포괄할 수 있는 단일한 틀이 존재하지 않는다고 주장한다. 이것이 의미하는 바는 상부구조가 하부구조의 단순한 반영이 아니라 어느 정도 자율적인 기능과 의미를 지닌다는 것이다. 상부구조의 자율적 기능에 대한 강조는 『인식과 관심』과 같은 해인 1968년에 발표된 그의 논문집 『'이데올로기' 로서의 기술과 과학Technik und Wissenschaft als 'Ideologie'』 에서 보다 상세하게 전개된다. 이 논문집에 실려 있는 첫 번째 논문인 『노동과 상호작용Arbeit und Interaktion』에서 하버마스는, 인간의 정신적 자기형성 과정이 사회생활의 재생산을 규정하는 법칙에 종속되지 않는다는 것이 마르크스에게서 암시되고 있다고 말한다. 하지만 마르크스는 이 문제를 충분히 다루려 하지 않았다는 것이다. 하버마스에 따르면 그 결과로 마르크스는 "상호작용과 노동 사이의 관계를 명백히 하지 않고 사회적 실천이라는 명칭하에 의사소통적 행위를 도구적 행위로 환원시켜 버리고 있다. 이에 따라 이러한 도구적 행위는 모든 범주들을 산출해 내는 도식이 되어 버리고 모든 것이 생산의 자기운동으로 환원되어 버렸다."[7] 마르크스의 이론에는 실제로 모순이 발견된다. 『공산당 선언』과 파리꼬뮌에 대한 저술들에서는 해방을 위한 인간의 주체적 실천 가능성이 거듭 언급되고 있다. 하지만 『자본론』에서는 인간과 사회의 운명이 경제적 하부구조에 의해 결정되는 것으로 서술되어 여기에서는 인간 주체가 능동적으로 작용할 공간이 거의 사라져 버리고 만다.

하버마스는 경제적 생산력으로서의 노동과 상호작용을 구분하고 이 양자 사이의 관계가 마르크스의 주장처럼 토대와 상부구조의 관계가 아니라고 주장한다. 상호작용은 자본주의적 생산의 반영이 아니라는 것이다. 이처럼 노동과 상호작용을 엄격히 구분하여 노동을 도구적 행위로, 상호작용을 의사소통적 행위로 이해하는 것은 하버마스의 철학 전체를 관통하는 근본입장이다. 하버마스의 진단에 따르면 현대사회의 문제는 도구적 이성의 만연에 의해 물질적 관심영역이 상징적 상호작용의 영역, 다시 말해 의사소통적 의미영역을 과도하게 침범하고 훼손한 데에서 비롯된다고 한다. 이것은 오늘날의 우리사회와 관련해서도 매우 설득력있는 지적이라고 생각된다.

하버마스의 관점에 따르면 현대 사회의 병리는 획일적이고 몰가치적인 도구적 이성의 만연으로 인해 의사소통의 상호성과 의미가 체계적으로 왜곡된 결과이다. 따라서 이제 '비판'의 과제도 새로운 양상으로 나타난다. 즉 억압적인 사회상황을 혁명적으로 전복하는 것이 아니라 의사소통의 참된 의미를 재건하는 일이 '비판'에 주어진 오늘날의 과업인 것이다. 여기에서 주의해야 할 것은 하버마스가 말하고 있는 의사소통의 개념이 단순히 개인 혹은 다자간의 대화를 뜻하는 좁은 의미가 아니라 인간사회의 문화와 제도를 포괄하는 상부구조의 전 영역을 뜻한다는 것이다. 인간사회의 모든 제도는 의사결정과정에 의해 이루어지며 사회적 모순은 그러한 의사결정과정이 자의적으로 왜곡되는 데에서 비롯된다. 따라서 사회적 소외와 모순의 해결은 그 사회가 어느 정도로 그것을 공론화하여 지양할 수 있는가에 달려 있으며 참된 진보의 척도는 사회구성원들이 그에 대한 장애요소를 함께 인식하고 자율적 합의를 통해 그것을 공동으로 제거해 나가는 데 있다고 할 수 있다. 이러한 지향을 통해 칸트가 말했던 "미성년의 상태에서 벗어나 자신의 이성을 자율적으로 사용하는" 참된 "성숙Muendigkeit"으로서의 계몽은 다시금 그 본래의 해방적 의미를 회복하게 된다. 여기에서의 해방은 더 이상 소외된 노동으로부터의 해방에 한정되는 것이 아니라 도구적 지배관계에 의한 의사소통과정의 왜곡으로부터 해방되는 것을 뜻한다.

4. 의사소통적 합리성과 민주적 원칙

왜곡된 의사소통에 대한 비판은 당연히 왜곡되지 않은 의사소통의 개념을 전제로 한다. 1970년대 초 이래로 하버마스는 그러한 왜곡되지 않은 '이상적 담화상황die ideale Sprechsituation'을 선험적으로 재구성하여 비판과 지향의 규준을 마련하는 일을 자신의 철학적 과제로 삼았다. 이러한 노력은 1971년에 나온 『의사소통능력 이론Theorie der kommunikativen Kompetenz』과 1976년의 『보편적 화용론이란 무엇인가?Was heisst Universal-pragmatik?』를 거쳐 1981년에 발표된 그의 대표저서 『의사소통행위이론Theorie des kommunikativen Handelns』에서 결실을 맺었다.

하버마스에 따르면 의사소통에 관한 "이러한 이론의 과제는 모든 가능한 담화 상황 일반을 산출해 낼 수 있도록 만들어 주는 규칙체계를 재구성하는 일이다."[8] 동시에 이러한 규칙체계는 "이상적 담화상황"의 패러다임을 제공한다. 여기에서 이상적 담화상황이란 "의사소통이 외적이고 우연적인 요소에 의해 영향받거나 강압에 의해 방해되지 않고 의사소통의 구조 자체로부터 생겨나는" 담화상황을 말한다. 이 말이 뜻하는 것은 개인적 상황이나 외적인 강압에서 벗어나 오직 논리적이고 이성적으로 논증을 행하고 그 논증과 관련된 모든 증거들이 동원될 수 있는 경우에만 그 담화를 통한 합의가 참된 타당성을 얻게 된다는 것이다. 여기에서 아펠의 '담론윤리학Diskursethik'이 하버마스의 의사소통행위 이론에 영향을 미치고 있음이 확인된다.

그러나 이러한 이상적인 담화상황은 현실적으로는 거의 존재하지 않는다. 아무런 현실적인 구속이 없이 완전히 평등하고 개방적인 담화상황은, 가정될 수는 있겠지만 경험적으로 확인될 수는 없다. 하지만 그렇다고 해서 이상적 담화상황이 단순한 허구에 불과한 것은 아니다. 하버마스에 따르면 이상적 담화상황과 그것을 구성하는 규칙체계는 언어 자체의 본성에 고유하게 내재되어 있다. 따라서 모든 담화상황은 의사소통의 규칙체계가 이상적으로 이루어질 것을 묵시적으로 – 명시적으로는 아닐지라도 – 전제하고 있다.

언어와 모든 담화에 선험적으로 전제되어 있는 규칙체계는 담화가 이루어지는 실제적 문법으로부터 직접적으로 도출된다. 이 문법의 가장 간단한 도식은 "나는 – 무언가에 대해 – 상대방에게 – 말한다" 라는 형태로 표현될 수 있다. 이로부터 주체, 객체, 상호주관성, 담화행위 자체라는 네 가지 요소가 도출된다. 이 네 요소는 담화가 성립하기 위한 기본조건들이다. 이 네 요소로부터 담화가 타당성을 획득하기 위한 네 가지 요구가 다시금 도출된다. 그것은 말하는 내가 상대방을 기만하려 하지 않고 진실해야 하며, 말해지는 내용이 객관적으로 옳아야 하고, 말을 듣

는 상대방이 그 말을 이해할 수 있어야 하며, 말하는 행위가 사
회적 권리와 규범에 비추어 정당해야 한다는 것이다. 이러한 진
실성, 진리성, 이해가능성, 규범적 정당성에 대한 요구는 모든
담화에 앞서 묵시적으로 전제되어 있으며 우리는 그것이 실제로
이루어지는가에 상관없이 적어도 그러한 요구가 이루어지리라
는 전제하에 담화에 참여한다.[9] 이러한 요구의 성취는 또한 우
리가 담화를 통한 합의를 이루기 위한 근본 조건을 이룬다 이러
한 근본조건은 '사실적faktisch'인 것이 아니라 '구성적kon-
stitutive'이고 '규제적regulative'인 보편성을 우리에게 제공한다.

    이러한 방식으로 하버마스는 의사소통적 합리성의 모델을
획득해 낸다. 이 모델은 합의를 추구하는 행위에 선험적, 보편적
으로 내재되어 있다. 이렇게 하여 하버마스는 도구적 이성을 넘
어설 수 있는 가능성을 언어적 이성에서 발견해 낸다. 이와 동시
에 언어가 지니는 사회성은 아도르노의 경우처럼 초월적 유토피
아에로 도피하지 않고 현실역사에서 진보의 이념을 추구할 수
있는 가능성을 열어준다. 물론 여기에서의 진보는 단지 수량화
된 진보, 진보를 위한 진보가 아니라 보다 인간적인 사회에로의
진보를 뜻한다. 이와 관련하여 하버마스는 자신이 전개한 '의사
소통적 이성 비판'을 통해 "사회에 대한 비판이론이 그 출발점
을 획득해 냈다"[10]고 자부한 바 있다.

    여기에서 알 수 있는 것은 그의 『의사소통행위 이론』이 그 선
험적 인식론의 외양에도 불구하고 궁극적으로는 사회분석과 비
판을 지향하고 있다는 것이다. 이러한 사실은 이 저서의 서문에
나오는 다음과 같은 하버마스의 언급에서 명백히 드러난다. "의
사소통행위 이론은 메타이론이 아니라 비판적 척도를 제시하기

위해 노력하는 사회이론의 시작이다."[11]

이러한 시작은 그의 최근 저서 『사실성과 타당성Faktizität und Geltung』에서 구체적인 정치철학으로 발전하고 있다. 이 저서의 근본적 의도는 민주적 법치국가의 토대를 새로이 규정하는 데 있다. 이 저서에서 하버마스는 정의, 도덕, 이성 등과 같은 고전적 용어들을 사용함으로써, 국가체제를 오로지 이성의 척도에 근거하여 수립하려 한 계몽주의의 정치적 이상과의 연계를 명백히 하고 있다. 여기에서 "사실성"은 현실사회에 있어서의 이해의 대립과 결핍을 의미하고 "타당성"은 이성에 입각한 보편적 정당성을 뜻한다. 이러한 '사실성'과 '타당성'의 갈등적 관계 속에서 어떻게 지배와 권력에 저항하여 정치적 사회적 정의를 구현할 것인가 하는 것이 이 저서에서 하버마스가 제기하고 있는 문제이다.

이와 관련하여 하버마스는 민주주의의 원칙을 가능한 한 근본적인 차원에서 이해하고 옹호할 것을 강조하고 있다. 그 이유를 하버마스는 금세기가 "끔찍하리만큼 비이성적인" 상황을 체험했다는 데에서 찾고 있다. 나치즘과 스탈린주의는 공히 "이성에 대한 근본적 믿음의 마지막 여지조차 파괴해 버렸으며 따라서 자신의 우발성을 의식하게 된 근대는 그런 만큼 절차적인 이성에 의존할 수밖에 없게 되었다"[12]는 것이다. 이것이 뜻하는 것은 이성에 의해 절차를 보장하고 절차를 통해 이성을 확보하는 부단한 상호과정의 필요성이다.

이러한 입장에 근거하여 하버마스는 『도덕의식과 의사소통행위Moralbewußtsein und Kommunikatives Handeln』 및 『담론윤리학 해설Erläuterungen zur Diskursethik』에서 수용하였던

아펠의 "논증의 정언명법"을 "민주적 원칙Demokratieprinzip"
에 의해 보완하려 한다. 아펠이 제시한 논증규범의 보편타당성
은 윤리적 차원에서는 유효할 수 있겠지만 정치적 차원에서는
타당성을 주장하기 어렵다. 선험적으로 정초되는 윤리적 행동규
범과는 달리 정치적 정의는 상이한 역사현실 속의 구체적인 생
활양식과 밀접하게 연관될 수밖에 없기 때문이다. 정치적 정의
에 있어 문화상대주의적이고 역사적인 관점이 고려되어야 한다
는 것을 인정함으로써 하버마스는 모든 민족에게 타당한 합리적
정의개념을 거부한다. 이는 형식적으로 정초될 수 있는 윤리적
규범과는 달리 정치적 정의는 항상 질료적 성격, 즉 구체적 내용
과 관련될 수밖에 없다는 인식에 따른 것이다.

하버마스는 이러한 상대주의적 정의개념을 인정하지만 그에
머무는 것이 아니라 거기에 변증법적 안티테제로서의 원칙을 부
가한다. 이것이 바로 "민주적 원칙"이다. 이 원칙이 뜻하는 바는
역사현실에 의한 모든 법체제는 자신을 민주적 절차, 즉 민주적
합의에 의해 정당화해야만 한다는 것이다. 이는 형식적 원칙으
로서의 민주주의와 질료적 현실로서의 법체제 사이의 부단한 변
증법적 상호과정의 필요성을 의미한다. 이에 따라 하나의 법공
동체는 역사적 현실에 따라 자신의 법체제를 단계적으로 변화시
켜 나갈 수 있는 정당성을 원칙적으로 인정받지만 그 참된 정당
성 자체는 항상 민주적 합의절차에 의해서만 확보된다. 이것이
의미하는 것은 진정한 정당성은 단순히 실정법의 형식적 절차에
의해서가 아니라 정보의 개방과 자유로운 절차에 의거한 시민들
의 자율적인 합의에 근거한다는 것이다. 여기에서 비판의 대상
이 되고 있는 것은 외형상으로는 법치국가의 모습을 취하고 있

으면서 실질에 있어서는 자율적인 합의의 과정을 구조적으로 차
단하고 있는 국가체제이다. 이러한 자율적인 합의의 과정을 위
해서는 개방된 교육을 위시한 문화적, 제도적 요소들의 자율성
이 당연히 동반되어야 한다. 하버마스는 모든 법제도는 시민들
의 자율적인 자기이해에 근거해서만 참된 정당성을 획득한다는
것을 강조한다. 우리는 여기에서 루소와 칸트가 이미 논의한 바
있는 근대 이래의 오랜 문제가 의사소통능력과 행정적 지배권력
사이의 대립이라는 현대적 모습을 띠고 새로이 제기되고 있음을
알 수 있다. 하버마스는 의사소통적 합리성에 기반한 '민주적
원칙'이라는 개념을 통해 계몽주의의 정치적 이념을 현대의 차
원에서 재생시키고 실현시키려 하고 있는 것이다.

5. 하버마스 철학의 영향과 의의

현대 독일철학에서 가장 커다란 세계적 영향력을 지닌 인물
을 꼽는다면 논란의 여지없이 하버마스를 들 수 있을 것이다. 이
는 어느 정도는 하버마스가 독일어권 외의 서구철학의 성과들을
다양하게 수용하여 상호논의와 교류의 가능성을 폭넓게 열어놓
고 있는 데에 기인한다. 하지만 그의 철학의 참된 의의는 이성이
불신받고 있는 이 시대에 계몽주의의 긍정적 유산을 현대적으로
되살리기 위해 의연하게 노력하여 왔으며 현대 철학의 중요한
논쟁들의 한 가운데에 서서 부단히 신선한 문제의식을 불러 일
으켰다는 데 있다. 특히 이성에 토대를 둔 부단한 계몽을 요구하
는 그의 철학은 졸속적인 근대화과정의 결과로 도구적 가치의
만연, 관료주의의 폐해, 원칙과 합의가 결여된 왜곡된 의사소통

등 많은 구조적 불합리를 겪고 있는 우리사회의 현실에 생산적
자극과 시사점을 제공해 줄 수 있을 것이다..

하버마스의 주요저서
• 공론장의 구조변동, 부르주아 사회의 한 범주에 관한 연구, 한
  승완 역, 나남출판 2001.
• 담론윤리의 해명, 문예출판사 1997.
• 도덕의식과 소통적 행위, 나남출판 1997.
• 사실성과 타당성, 한상진 외 역, 나남출판 2000.
• 새로운 불투명성, 이진우 외 역, 1996.
• 이질성의 포용, 황태연 역, 나남출판 2000.
• 탈 형이상학적 사유, 문예출판사 2000.
• 현대성의 철학적 담론, 문예출판 2002.
• 사회과학의 논리, 박성수 역, 문예출판사 1993.
• 정치문화 현실과 의사소통적 사회비판이론, 문예마당 1996.
• 인식과 관심, 고려원 1996.
• 커뮤니케이션 행위이론, 나남출판 1994.
• 현대성의 새로운 지평, 나남출판 1996.
• Theorie und Praxis, 4. Aufl. Frankfurt a. M. 1971.
• Die nachholende Revolution, Frankfurt a. M. 1990.

하버마스에 관한 저서
• 김삼룡, 루만과 하버마스, 장원출판사 1995.
• 김재현 외, 하버마스의 사상: 주요 주제와 쟁점들, 나남출판
  2001.

• 한상진 외, 하버마스, 나남출판 1997.

• 윤평중, 푸코와 하버마스를 넘어서, 합리성과 사회비판, 교보 문고 1998.

• 발터레제 쉐퍼, 하버마스: 철학과 사회이론, 거름 1998.

• 리 로데릭, 하버마스의 사회사상, 탐구당 1992.

• 로버트 영, 하버마스의 비판이론과 담론 교실, 이정화, 이지헌 역, 우리교육 2003.

• A.A.스미스, 베버와 하버마스, 김득룡 역, 서광사 1991.

• Detlef Horster, Jügen Habermas, Stuttgart 1991.

| 주석 |

1. Max Horkheimer/Theodor W. Adorno, Dialektik der Aufklärung, GS. Bd. 3, Frankfurt. a. M. 1984, S. 19.

2. Th. W. Adorno, Negative Dialektik, Gesammelte Schriften, Bd. 6, Frankfurt a. M. 1975, S. 27.

3. Vgl. Th. W. Adorno, Ästhetische Theorie, GS, Bd. 7, Frankfurt a. M. 1975, S. 229 ff. u. 322 ff.

4. 알브레히트 벨머, 『모더니즘과 포스트모더니즘의 변증법』, 이주동 안성 찬 역, 녹진 1990, 61쪽.

5. 위르겐 하버마스, 「현대: 미완성의 기획」, 이진우 편역, 『포스트모더니 즘의 철학적 이해』, 서광사 1993, 42-63쪽.

6. 이 책에서 소개하고 있는 철학자들의 전기적 프로필은 주로 Ingeborg Breuer u. a., Welten im Kopf, Hamburg 1996을 참조하였다.

7. Jürgen Habermas, Technik und Wissenschaft als 'Ideologie', Frankfurt a. M., S. 62.

8. Jürgen Habermas, Vorbereitende Bemerkungen zu einer Theorie der kommunikativen Kompetenz, in: Jürgen Habermas/Niklas Luhmann, Theorie der Gesellschaft oder Sozialtechnologie, Frankfurt. a. M. 1971, S. 102.

9. Vgl. Jürgen Habermas, Theorie des kommunikativen Handelns, Bd. 1, Frankfurt a. M. 1981, S. 413.

10. Jürgen Habermas, Vorbereitende Bemerkungen zu einer Theorie der kommunikativen Kompetenz, a. a. O., S. 141.

11. Jürgen Habermas, Theorie des kommunikativen Handelns, a. a. O., S. 7.
12. Jürgen Habermas, Faktizität und Geltung, 2. Aufl., Frankfurt a. M.
    1992, S. 11.

III
이성과 언어

아펠Karl-Otto Apel의 선험적 화용론

III. 이성과 언어
- 아펠Karl-Otto Apel의 선험적 화용론 -

1. 사상의 배경

어떤 사람이 어떤 철학을 선택하는가 하는 것은 그가 어떤 인간인가에 달려 있다고 피히테Johann Gottlob Fichte는 말한 바 있다. 피히테의 이 유명한 말은 철학이 궁극적으로 에토스 Ethos의 표현이라는 것을 의미한다. 희랍어 에토스는 어떤 인간의 타고난 성향과 소질이 살아 나가면서 구체적인 모습으로 형성되어 일정한 습관이나 태도로 나타나게 되는 것을 뜻한다. 이렇게 볼 때 철학에는 무엇보다도 삶과 세계에 대한 인간의 태도가 표명되어 있다고 할 수 있을 것이다.

이러한 에토스를 결정짓는 인간의 정신적 소질로서 로고스 Logos와 파토스Pathos가 있다. 인간 정신의 이 두 가지 계기에서 어디에 주로 경도되는가에 따라 서로 상이한 철학적 태도와 입장이 나타난다. 삶에 대한 로고스적 태도는 논리적 사유를 통해 보편성과 필연성을 추구하며 인간과 세계의 본질을 이성적 질서로 파악한다. 파토스적 태도는 개별적이고 우연적인 계기를 통한 직관적 체험을 중시하며 이에 따라 개별적 인간과 역사의 특수한 고유성을 강조한다. 이러한 전제하에 우리는 근대 서구 철학, 특히 근대 독일철학에서 그 사상적 출발점과 지향점이 상이한 두 가지 철학적 태도를 구분하여 볼 수 있을 것이다. 철학사는 이것을 합리주의적 전통과 비합리주의적 전통이라는 이름으로 분류하고 있다.

비합리주의는 보편적 개념으로 환원하거나 통분할 수 없는 인간 현존재의 존재론적 고유성에 주목하는 사상적 입장을 말한다. 인간 현존재의 의미는 논리적 추론에 의해 규정Bestimmung될 수 있는 것이 아니라 직관적 체험에 의해 개시Offenbarung된다. 이에 따라 비합리주의는 그러한 체험이 개시되는 장소인 종교와 예술을 객관적 학문이나 지식보다 더 중시한다. 이러한 철학적 입장은 역사적으로 멀리 아우구스티누스에게로까지 거슬러 올라간다. 독일 사상사에서 이러한 입장은 루터Martin Luther로부터 헤르더Johann Gottfried Herder, 하만 Johann Georg Hamann, 슐라이어마허Friedrich Schleiermacher 등을 거쳐 딜타이Wilhelm Dilthey, 니체Friedrich Nietzche, 하이데거 Marthin Heidegger 등에 의해 전개되어 왔다. 다음 장에서 소개할 가다머는 현대 독일 철학에서 이러한 입장을 대표하는 철학자라고 할 수 있다. 이러한 사상적 입장이 역사의식과 결합함으로써 헤르더 이래의 독특한 상대주의적 역사관이 생성되었다. 이 역사관에 따르면 역사는 인간의 고유한 체험이 객관적으로 표현된 것이며 따라서 각 시대와 그 문화는 객관적 척도로 평가할 수 없는 독자적인 의미와 의의를 지닌다.

이에 반해 합리주의는 존재 인식의 보편적 척도인 이성을 강조하며 논리적 추론에 의해 존재의 질서를 세우려 하는 철학적 입장이다. 따라서 합리주의는 주관적 체험보다는 객관적 지식체계로서의 학문을 지향하며, 이를 위한 확고한 토대를 제공하려 한다. 이러한 입장은 고대 희랍철학, 특히 플라톤과 아리스토텔레스 이래로 철학사의 주류를 이루어 왔으며 근대 철학에 와서도 그 창시자로 불리는 데카르트를 거쳐 칸트와 그 후계자들에 의해 오늘날에 이르기까지 근대철학의 지배적 조류를 이루고 있다. 지금부터 소개할 아펠은 이러한 사상적 입장의 연장선상에서 현대 독일 철학계를 대표하는 인물이라고 할 수 있다. 이러한 철학적 입장을 역사에 투영한 것이 계몽주의적인 진보적 역사관이다. 이 역사관에 따르면 역사는 보편적인 인간성의 이념이 구현되어야 할 현실적 장이며 그 목표를 향해 나아가는 점진적 과정이다.

서양 철학사를 우리는 그러한 두 사상적 조류가 서로 만나고 대립하는 과정으로 파악할 수도 있을 것이다. 근대 철학사에서 이 두 대립적 입장 사이의 화해를 매개하려 하였던 거대한 시도를 독일 관념론, 특히 헤겔의 철학에서 발견할 수 있다. 하지만 헤겔의 철학이 결과적으로 보여 준 것은 특수자를 보편자에 매개하게 되면 결국 특수자의 개별적 고유성이 상실되고 만다는 것이었다. 키에르케고르의 실존철학은 바로 그러한 문제에 대한 날카로운 지적과 비판이라고 할 수 있을 것이다. 현실 역사에 있어서도 헤겔 철학의 영향은 파국적인 것으로 나타났다. 헤겔 우파의 연장선상에 있는 나치즘과 헤겔 좌파의 연장선상에 있는 스탈린주의의 테러 모두를 우리는 보편자의 이념이 개별적 실존에 가한 폭력이라고 해석할 수 있을 것이다. 이와같이 헤겔의 '강요된 화해erpresste Versöhnung'가 철학적, 역사적으로 실패한 후 현대 서구 철학은 또다시 두 상반되는 입장이 서로 부단히 부분적 만남과 전반적 대립을 거듭하는 모습으로 나타나고 있다. 이 대립하는 양대진영의 한쪽 편에는 니체와 하이데거의 사상적 입장을 계승하고 있는 소위 포스트모더니즘 옹호자들이 오늘날 목소리를 높이고 있고 그 반대편에는 포스트모더니즘의 기치하에 만연되고 있는 이성에 대한 회의에 저항하여 데카르트와 칸트의 연장선상에서 보편적 이성과 계몽의 이념을 구원하려 하는 입장이 대치하고 있다. 이하에서는 현대 독일 철학에서 후자의 입장을 대표하는 아펠의 핵심적 사상을 개괄적으로 소개하고자 한다.

2. 아펠의 철학적 노정

아펠이 경험한 역사적 상황과 그의 철학적 입장은 여러모로 데카르트의 경우에 비교될 수 있다. 근대철학의 아버지로 불리는 데카르트의 철학은 30년 전쟁이라는 역사적 참화와 바로크 시대의 회의주의적인 정신적 분위기 속에서 생겨났다. 당시 유럽의 거의 모든 국가들이 참전하여 세계대전의 양상을 띠었던 30년 전쟁에 데카르트는 직접 종군하여 그 참상을 목전에서 경험하였다. 당시는 르네상스, 인문주의, 종교개혁 등의 영향으로 기존의 중세적 가치질서가 이미 그 힘을 잃고 있었고 특히 30년 전쟁의 여파로 인해 허무주의적이고 회의주의적인 경향이 사회와 문화를 지배하고 있던 시기였다. 이러한 상황 속에서 데카르트는 명증하고 필연적인 이성적 진리를 추구함으로써 당대의 회의주의를 극복하고 새로운 정신적 질서를 수립하려 하였다. 이에 있어 그는 회의를 극단에까지 몰고가는 이른바 '방법적 회의'를 사유의 출발점으로 삼았다. 그는 관습과 제도, 감각적인 인식, 나아가 외부 세계의 실재조차도 차례로 의심하고 결국 가장 명증하다고 하는 수학적 진리마저도 교활한 악령이 우리에게 기만적 마술을 거는 것일 수 있다고 의심한다. 하지만 모든 존재에 대한 이러한 극단적 회의는 회의로서 끝나는 것이 아니라 하나의 절대적인 진리로 그를 인도한다. 그것은 그가 의심하고 있다는, 다시말해 생각하고 있다는 사실이다. 모든 확실성을 의심한 후에도 더 이상 의심할 수 없는 확실한 사실은 자의식의 존재이다. 이렇게 하여 데카르트는 "나는 생각한다. 고로 나는 존재한다.Cogito ergo sum"라고 하는 소박한 명제에서 궁극적 확실성을 보장하는 "확고한 토대fundamentum inconcussum"를 찾아내어 그 위에 모든 합리적 지식의 체계를 건설할 수 있었다.

칼-오토 아펠Karl-Otto Apel 역시 유사한 상황 속에서 유사한 철학적 시도를 행하였다. 1922년 3월 15일 뒤셀도르프Duesseldorf 시에서 태어난 아펠은 18세가 되던 1940년에 확신과 자부심을 가지고 히틀러 청년단원으로서 군대에 자원입대하여 제 2차 세계대전을 체험하였다. 패전 후 그는 자신의 과거의 확신에 대해, 그리고 기존의 모든 가치질서에 대해 자괴적인 회의에 빠져들었다. 이러한 회의를 극복하려는 노력이 그를 철학의 길로 이끌었고 이는 이후의 그의 철학적 노정에서 일관된 태도로 나타나고 있다.

1945년 그는 참전하였던 다른 청년들과 마찬가지로 상대적으로 늦은 나이에 본Bonn 대학에 입학하여 철학, 독문학, 역사학 등을 공부하였다. 1950년대까지 그는 본 대학의 로탁커Erich Rothacker 교수에게서 철학을 연구하였다. 로탁커는 해석학적 정신과학 분야에서 명성을 얻고 있었지만 정치적 전력에 문제를 지니고 있었으며 특히 그의 역사적 상대주의의 입장은 아펠에게 도전의 대상이 되었다. 1950년에 네 살 연하의 하버마스가 로탁커 밑에서 철학을 공부하기 위해 쮜리히에서 본으로 옮겨왔다. 그후 그들은 평생의 지기이자 사상적 동지가 되었다. 그 무렵 아펠은 당시의 시대적, 지적 분위기와 사상적 조류를 지배하고 있던 실존주의, 특히 하이데거의 실존존재론에 매료되어 있었다. 이러한 철학적 관심은 1950년에 발표된 그의 박사학위 논문 『현존재와 인식. 마틴 하이데거의 철학에 대한 인식론적 해석 Dasein und Erkennen. Eine erkenntnistheoretische Interpretation der Philosophie Martin Heideggers』에 반영되어 있다.

그후 그는 언어철학의 문제에로 철학적 관심을 넓혀 갔으며 이러한 관심과 연구의 성과는 1961년 마인쯔Mainz 대학에 제출한 교수자격 논문 『단테에서 비코에 이르기까지의 인문주의 전통에 나타난 언어의 이념Die Idee der Sprache in der Tradition des Humanismus von Dante bis Vico』에 잘 표현되어 있다. 교수자격을 취득한 이듬해에 킬Kiel 대학에 철학교수로 초빙받은 아펠은 그후 자르브뤼켄Saarbruecken 대학을 거쳐 1973년 프랑크푸르트 대학에서 철학교수직을 얻었다. 같은 해에 그는 그의 주저의 하나인 『철학의 변형Transformation der Philosophie』을 발표하여 철학계에 커다란 반향을 불러 일으켰다. 이 저서에는 이성의 보편적 근거를 확립하려는 그의 철학적 시도가 언어철학적 연구성과와 잘 결합되어 나타나고 있다. 그후 그는 한스 알버트Hans Albert와의 논쟁, 신보수주의자들과의 유토피아 논쟁, 리오타르와의 포스트모더니즘 논쟁 등에서 자신의 철학적 입장을 일관되게 견지하면서 철학계에 신선한 문제의식을 불러일으켰다. 1990년 교수직을 은퇴한 후에도 그는 활발하게 학문적 활동을 계속하고 있으며 최근에는 한국을 방문하여 자신의 철학사상을 소개하고 특히 현대세계에 있어 보편적 윤리의 중요성을 강조한 바 있다.

아펠의 철학은 처음부터 일관되게 현대의 회의주의와 니힐리즘을 극복하는 데 중점을 두고 있다. 서구의 20세기는 니체가 예언했던 대로 "모든 방문객 중에서 가장 섬뜩한 니힐리즘"이 도래한 시대였다. 특히 제 2차 세계대전과 홀로코스트의 체험은 데카당스의 만연과 방향상실, 가치의 몰락 등을 불러 왔다. 모든 논쟁적 사안에 대한 최종 판결권을 지니는 재판장의 위치에 있던 근대적 이성은 이제 그 스스로 혐의를 받게 되어 피고인석으로 끌어내려졌고, 그것을 대신할 새로운 권위와 질서는 어디에서도 찾아볼 수 없었다. 무력한 회의와 절망적 도전으로 특징지워지는 허무주의가 시대의 정신적 분위기를 지배하였다.

이러한 상황하에서 아펠은 확고한 논리적 근거와 보편적인 윤리적 토대를 새로이 정초하는 것이 가장 긴급한 철학적 과제라고 생각하였다. 물론 이것은 무너져 버린 과거의 철학적 건축물을 그대로 재건하는 것을 뜻할 수는 없었다. 문제는 파괴된 건축물의 토대와 구조, 다시말해 무너진 철학적 패러다임의 한계를 반성적으로 고찰하여 그것을 보완하고 대신할 수 있는 새로운 패러다임을 건설하는 일이었다. 결국 아펠의 철학적 시도는 한편으로는 이성의 보편성을 확보하려 했던 데카르트와 칸트의 사상적 동기를 계승하면서 다른 한편으로는 더 이상 지탱할 수 없게 된 그들의 철학적 패러다임을 새로운 패러다임으로 교체하려는 것이었다. 이러한 시도를 아펠은 『철학의 변형』이라는 말로 요약하고 있다. 이 말은 무엇보다도 의식에서 언어에로의 철학적 중심 이동을 표현해 주고 있다.

3. 철학의 변형 - 의식에서 언어로

근대적 사유의 패러다임은 데카르트적인 '자의식의 명증성'이건 칸트적인 '의식의 선험성'이건 간에 모두 인간의 의식을 그 토대로 하고 있다. 이러한 의식철학Bewusstseinsphilosophie의 한계는 무엇보다도 그것이 결코 유아론Solipsismus을 벗어날 수 없다는 데 있다. 즉, 그것을 정신이라고 부르건 혹은 의식 일반이라고 부르건 간에 의식철학이 세계를 성찰하고 정립하는 토대는 사유하는 주체의 주관적 의식일 수밖에 없다. 이러한 의식철학은 인간 개개인의 의식을 의식일반으로 통분해 버리고, 모든 객체를 주관적 의식대상으로 환원시켜 버림으로써 이성의 보편성을 주장한다. 이러한 유아론적 주체철학Subjektphilosophie에서는 타자와 객체가 자신의 고유성과 독자적 권리를 지니고 나타날 수 있는 가능성이 원천적으로 배제되고 만다. 결국 의식일반이라고 하는 주관적 보편성은 타자의 개성적 가능성과 객체적 자연의 고유성을 망각한 채 그것들을 평준화하고 도구화하는 폭력성을 내포한다. 따라서 유아론적 의식철학의 인식론적 한계는 동시에 그것의 윤리적 한계이기도 하다.

　20세기의 철학은 이러한 한계를 극복할 수 있게 해 주는 새로운 패러다임의 가능성을 언어에서 찾고 있다. 언어에 대한 깊은 관심은 현대 서구철학 전체의 공통된 특징을 이룬다. 비트겐슈타인을 계승한 영미의 언어분석철학과 언어화용론, 하이데거와 가다머의 이름으로 대표되는 독일의 언어해석학, 프랑스의 (탈)구조주의, 이태리의 기호학 등 현대를 대표하는 철학들은 모두가 근본적으로 언어철학이라고 할 수 있다. 이 다양한 철학들을 하나로 묶어주는 공통된 측면은 이들이 언어의 상호주관성에서 근대적 의식의 주관성을 극복할 수 있는 계기를 발견하려 한다는 것이다.

　아펠은 이러한 다양한 언어철학적 성과들을 생산적으로 수용하여 의식에서 언어에로의 '철학의 변형'을 시도한다. 아펠의 이러한 시도는 두 가지 목표를 지향하고 있다. 우선 아펠은 언어의 상호주관성에서 의식의 주관적 한계를 극복하게 해주는 새로운 철학적 패러다임의 가능성을 찾는다. 언어는 항상 언어공동체를 전제로 한다는 점에서 자의식의 유아론적 한계를 넘어서는 상호주관성을 자체 내에 담보하고 있다. 이러한 통찰은 아펠의 철학이 현대의 다른 언어철학들과 함께 공유하는 부분이다. 이제 문제는 상호주관적 언어가 과연 데카르트적인 '확고한 토대 fundamentum inconcussum'와 로고스의 보편성을 함께 담보해 줄 수 있는가 하는 것이다. 현대의 대부분의 철학은 소극적으로건 적극적으로건 이에 대해 회의적이다. 현대철학의 언어에 대한 관심은 근본적으로 언어에서 상대주의와 다원주의의 가능성을 발견하고 이를 통해 보편적 로고스의 독단성을 비판하는 데 모아지고 있다. 궁극적 확실성과 보편적 로고스에 대한 회의와 비판은 데리다와 리오타르로 대표되는 프랑스의 해체주의와 포스트모더니즘, 진리 대신에 관용의 민주주의를 주장하는 미국의 리차드 로티, 그리고 독일의 경우 한스 알버트의 비판적 합리주의와 가다머의 해석학에 이르기까지 일관되어 나타나고 있는 공통된 흐름이라고 할 수 있다. 아펠은 현대의 이러한 회의주의적 조류에 저항하여 데카르트와 칸트 이래의 철학적 전통을 현대적으로 구원하는 것을 자신의 철학적 과제로 삼고 있다.

　그리하여 아펠의 철학적 노력의 궁극적 목표는 이제 언어 자체 내에서 확고한 토대와 보편적 로고스의 가능성을 발견하는 것으로 모아진다. 그러한 가능성은 논리적으로 연역되는 것이 아니라 반성론적으로reflexionslogisch 발견된다. 아펠이 테오도르 릿트Theodor Litt에게서 이어받은 반성론적 사유는 너무도 자명하게 주어져 있어 오히려 우리에게 의식되지 않는 전제들을 반성을 통해 드러내는 것을 뜻한다. 이러한 반성적 방법을 언어의 문제에 적용할 때 거기에서 자명한 전제로서 드러나는 것은 우리는 무언가를 주장함으로써 "이미 항상immer schon" 언어놀이Sprachspiel에 함께 참여하고 있으며 따라서 그 놀이의 기본규칙을 묵시적으로 인정하고 있다는 사실이다. 이 기본규칙을 인정하지 않는다면 언어놀이 자체가 성립되지 않는다. 그리고 우리가 무언가를 주장하는 한, 동시에 우리는 - 그것을 의식하건 의식하지 않건 간에 - 언어놀이의 규칙이 유효하다는 것을 이미 승인하고 있는 셈이다. 이것을 달리 표현하면 모든 논증Argument은 일정한 규칙을 지닌 논증상황과 그 상황에의 참여를 자명하게 전제할 수밖에 없다는 것이다.

　아펠에게 있어 논증은 논리적 증명이라는 좁은 의미로서가

아니라 모든 형태의 주장을 뜻하는 광범위한 의미로 사용되고
있다. 우리가 모든 것을 회의하고 부정한다고 할지라도 그것이
하나의 주장이고 논증인 한 우리가 논증상황에 함께 참여하고
있다는 사실만은 결코 부인할 수 없다. 이것은 모든 의미있는 논
의, 모든 언어놀이의 필연적 조건을 이룬다. 우리가 만일 이것을
부정하게 되면 우리는 우리가 실제로 행하고 있는 것을, 주장의
내용을 통해 부정하는 자기모순을 범하게 된다. 이러한 모순을
아펠은 논리적 연역관계에서 생기는 논리적 모순과 구별하여
"수행적 자기모순performativer Selbstwiderspruch"이라고 부르
고 있다. 이러한 수행적 자기모순은 논리적으로 증명될 수 있는
것이 아니라 반성적으로 확인된다. 우리가 아무리 회의하고 부
정한다고 할지라도 우리가 논증상황에 참여하고 있다는 사실로
부터는 더 이상 뒤로 물러날 수 없다. 더이상 "뒤로 물러날 수 없
는unhintergehbar" 이 지점이 바로 아펠에게 데카르트적인 아르
키메데스의 점, 다시말해 확고한 토대를 제공한다. 이렇게 하여
데카르트의 주관적인 "나는 생각한다"는 이제 상호주관적인 "우
리는 말한다"로 변형된다.

　우리의 회의가 그로부터 더이상 물러날 수 없다는 것에서,
일정한 규칙을 지닌 논증상황은 우리가 어떤 논증을 이해하고
이해시키는 궁극적 토대를 이룬다. 이것을 아펠은 "최후정초
Letztbegründung"라고 부르고 있다. 최후정초로서의 논증상황
은 모든 논증에 필연적이고 보편적으로 전제되어 있다. 모든 논
증에 앞서 그 전제를 이루면서 의미있는 논증의 가능성을 담보
한다는 점에서 그것은 선험성을 지닌다. 물론 여기에서의 선험
성은 모든 경험에 앞서 있으면서 경험을 가능하게 하는, 인식의

아프리오리Apriori한 조건으로서의 칸트적 선험성이 아니라 단
지 모든 논증의 최종적 전제조건으로서의 언어적 선험성이다.
이렇게 해서 칸트의 "순수이성비판"은 이제 "의사소통적 이성비
판"으로, 주관적 의식의 선험성은 상호주관적 언어의 선험성으
로 변형된다. 아펠은 이와같이 의식의 주관성을 언어의 상호주
관성으로 대치함으로써 데카르트와 칸트의 한계를 극복하려 하
는 동시에 로고스의 보편성과 필연성을 새로이 정초함으로써 그
들의 사유전통을 계승하려 한다.

　아펠의 최후정초는 엄밀히 볼 때 다음의 세 단계를 거쳐 이
루어지고 있다.

　우선 그는 우리가 무언가를 주장할 때 "이미 항상immer schon"
주어져 있는 보편적이고 필연적인 "전제들Präsuppositionen"을
"엄밀한 반성strikte Reflexion"을 통해 밝혀 낸다. '엄밀한 반성'
이라는 것은 그것이 사유 자체 내에 머물지 않고 그것이 이루어
지는 전제들에로 나아간다는 것을 뜻한다.

　하지만 엄격히 말해 그러한 반성은 아직 칸트적인 주관적 반
성에 머무르고 있다. 이제 이러한 주관적 명증성을 언어의 상호
주관적 과정에 투영하여 그것을 "상대방 또한tu quoque" 그러한
것으로 전환시켜야 한다. 언어의 상호적 과정에서 이제 그러한
"선험적 전제들"은 논증에 참여하는 모든 사람들에게 타당한 것
으로 드러난다.

　최종적으로 이러한 선험적 전제들은 그것을 회의하고 부정
하는 사람들에게조차도 타당하게 적용된다는 것이 확인된다. 그
들의 회의가 주장으로 나타나는 한 그들은 이미 논증상황, 즉 언
어놀이에 함께 참여하고 있는 셈이며 그들이 이것조차 회의하고

부정한다면 그들은 그들이 행위를 통해 긍정하고 있는 것을 주장하는 내용을 통해 부정하는 셈이 된다. 다시말해 그들은 논리적 모순은 아닐지라도 "수행적 모순"을 범하고 있는 것이다. 아펠에 따르면 이 단계들을 거쳐 최후 정초된 원칙들은 "언어놀이가 그 의미를 지니려면 이미 항상 인정되어야만 하는 논증의 선험화용론적 전제들을 이룬다."[1]

우리는 여기에서 죤 설John Searle과 죤 오스틴John L. Austin의 언어행위이론Sprechakttheorie이 아펠의 철학에 미친 영향을 어렵지 않게 읽어낼 수 있을 것이다. 언어행위이론은 어떤 언어적 주장의 의미는 그것의 논리적 내용에 한정되는 것이 아니라 그것이 수행하는 사회적 기능에도 있다는 것을 보여 주고 있다. 아펠은 이 이론을 원용하여 모든 주장은 결국 언어행위이며 따라서 그 주장의 논리적 의미에는 수행적 의미가 이미 묵시적으로 전제되어 있다고 말한다. 이것을 하버마스는 언어의 "명제적−수행적 이중구조propositional-performative Doppel-struktur"라는 말로 요약한 바 있다. 다시말해 모든 언어행위는 명제적 부분과 수행적 부분을 동시에 지니고 있다는 것이다. "수행적 자기모순"이란 이러한 명제와 수행 사이의 불일치에 의해 생겨난다. 언어행위에 내재된 선험적 규칙과 이를 통한 최후 정초가능성을 부정하는 것은 필연적으로 그러한 수행적 자기모순에 봉착하고 만다고 아펠은 주장한다. 이와같이 아펠은 모든 회의가 '더 이상 물러날 수 없는' 지점을 찾아내어 그곳에 이성의 보편성과 필연성을 '최후정초'하려 한다. 물론 여기에서의 이성은 의사소통적 이성kommunikative Vernunft을 뜻한다. 이처럼 언어행위와 그 상황에서 보편적 선험성을 찾으려 한다는 것에서 그의 철학은 선험적 화용론transzendentale Pragmatik이라는 이름으로 불리운다.

'최후정초'를 위한 아펠의 이러한 철학적 노력은 현대 철학의 여러 진영으로부터 반발을 받았다. 그 결과로 한스 알버트, 가다머, 쟈끄 데리다, 리오타르, 리차드 로티 등과의 논쟁이 이어졌다. 로고스를 위한 외로운 전사로서 투쟁하는 그에게 "수행적 모순"에 대한 논의는 효과적인 무기로 기능하였다. 예를 들어 그는 데리다와 로티에 대한 반론에서 "그들은 실천적인 자기모순에 빠지지 않고는 한 마디도 말하거나 쓸 수 없다"[2]고 비판을 가한 바 있다. 이러한 논쟁은 주로 윤리학의 차원에서 제기되었다. 아펠의 철학적 근본동기는 원래부터 "깊은 도덕적 진지성(하버마스의 회고)"에 바탕을 두고 있으며 그에게 있어 이론이성과 실천이성은 본래 하나였다. 따라서 그의 윤리학 역시 언어행위에 대한 반성적 통찰을 근거로 하여 윤리적 최후정초를 찾아내는 것을 목표로 하고 있다. 이러한 철학적 입장을 그는 담론윤리학Diskursethik으로 개진하고 있다.

4. 담론윤리학

이론적 최후정초와 마찬가지로 윤리적 최후정초 역시 언어의 수행적 성격에 대한 엄밀한 반성을 통해 직접적으로 도출된다. 앞에서 살펴보았듯이 언어는 언어공동체와 그 규칙을 선험적 전제로 하고 있다. 또한 언어의 명제적-수행적 이중구조에 따라 모든 의사소통적 이해는 의미의 측면과 더불어 사회적 관계의 측면을 동시적으로 지닌다. 언어가 본래적으로 지니는 이러한 공동체적, 수행적 측면으로 인해 의사소통적 이성에 있어 이론이성과 실천이성은 원래 하나다. 따라서 어떤 방식으로건 윤리적 담론에 참여한다는 것은 이미 거기에 전제되어 있는 선험적 규칙을 받아들인다는 것을 뜻한다. 이러한 담론의 규칙은 상호주관성이 실천적으로 이루어지는 과정에 선험적으로 개입하여 인간들의 상호관계에 묵시적으로 작용하면서 그것을 근원적으로 가능하게 한다. 아펠의 윤리적 최후정초는 반성적으로 발견되는 그러한 담론의 규칙에서 규제적 당위성을 이끌어 내려는 시도를 뜻한다. 아펠의 이러한 담론윤리학적 시도는 다음과 같은 그의 말에 잘 표현되어 있다. "논증을 행하는 자는 의사소통공동체의 모든 구성원들이 이성적 논증을 통해 그 정당성을 제시하는 모든 요구들을 암암리에 승인하고 있는 셈이다. 그렇지 않다면 논증의 요구는 스스로 자신의 테마를 제한하는 것이 된다. 논증을 행하는 자는 이와 동시에 타인들에 대한 자신의 모든 요구를 논증을 통해 정당화하여야 할 의무를 지닌다."[3]

이미 살펴보았듯이 무언가를 주장하는 자는 그 자체로서 이미 항상 논증상황에 참여하여 그 선험적 규칙을 받아들이고 있는 셈이다. 우리는 '수행적 모순'을 범하지 않고는 이를 부정할 수 없고 이로부터 더 뒤로 물러날 수 없다. 이러한 "물러날 수 없음Nichthintergehbarkeit"은 논증에 참가하고 있는 모두에게 해당되며 이것을 통찰하게 되면 동시에 우리는 그 규칙을 준수해야 하는 의무를 승인할 수밖에 없게 된다. 우리가 논증이라는 언어놀이에 참여하는 한 우리는 그 의무를 승인하는 셈이며 그것을 승인하지 않는 경우 자기모순에 빠져들고 만다. 그리고 우리가 그 언어놀이에 참여하지 않는 경우에는 문제 자체가 성립하지 않으므로 우리는 더 이상 그에 대해 아무 것도 이야기할 필요가 없게 된다. 아펠 자신의 말을 빌리면 "누군가가 윤리적 논의에 참여하는 경우 우리는 그가 '이미 항상' 근본원칙으로 승인하고 있는 것을 드러내 보여줄 수 있으며 그가 마땅히 이 원칙을 논증의 타당성과 가능성의 조건으로서 기꺼이 승인하여야 한다는 것을 통찰하게 할 수 있다. 이것을 통찰하지 못하거나 혹은 승인하지 않는 자는 스스로 그 논의에서 탈락하게 된다. 그 논의에 참여하지 않는 자는 윤리적 근본원칙의 타당성에 대해 도대체 아무런 질문도 제기할 수 없게 된다. 따라서 그의 질문의 무의미성에 대해 이야기한다거나 그에게 과감한 믿음의 결단을 권하는 일 자체가 무의미하게 되고 만다."[4]

아펠은 이러한 논의를 통해 더 이상 회의하고 부정할 수 없는 윤리적 최후정초가 마련되었다고 생각한다. 그리고 칸트가 『실천이성비판』에서 행했던 것과 유사하게 그로부터 윤리적 법칙을 도출해 낸다. 칸트의 도덕법칙처럼 아펠의 윤리적 법칙도 질료적이 아니라 형식주의적으로 나타난다. 그것은 구체적인 행위의 격률이나 구속력있는 규범들을 제공하는 것이 아니라 다만 담론의 규제적 원칙으로서의 '메타윤리학'으로 기능할 뿐이다. 이에 따라 그가 도출해 내는 윤리적 법칙 역시 칸트의 경우처럼 정언적 구속성을 가진다. 이 윤리적 근본법칙이 명령하는 바는 다만 "논증하라Argumentiere!"는 것뿐이다. 물론 여기에 그 논증이 합리적이어야 한다는 단서가 붙기는 하지만 그것은 앞에서 살펴보았듯이 논증의 개념에 이미 항상 선험적으로 전제되어 있는 사실이다. 이것을 칸트의 도덕적 근본법칙인 "네 의지의 격률이 항상 동시에 보편적 입법의 원리로서 타당할 수 있도록 행위하라"는 요구에 비교하여 표현하면 담론윤리학의 "보편적 근본법칙"은 다음과 같이 나타나게 된다. "최상의 논증상황들 중에서 항상 논증 자체만이 타당하도록 행위하라 Handle so, dass jeweils unter den besten Argumentationsbedingungen nur Argumente zählen." 이 말이뜻하는 것은 담론윤리학에서 정언적 보편성을 지니는 논증조건은 오직 합리적 논증행위 자체뿐이며 다른 모든 현실적 조건들은 가언적이라는 것이다. 따라서 상황에 따른 윤리적 입장들의 구체적 차이와 상대성에도 불구하고 오직 논증의 담론과정만이 유효해야 하며 우리는 최상의 논증에 이르도록 함께 노력해야 한다. 이것은 우리가 어떤 공동의 문제를 논의할 때 논증의 합리적 절차를 통해 당사자 모두에게 자발적 승인을 얻는 것만이 진정으로 윤리적 정당성을 지니는 해결책이라는 것을 뜻한다.

이렇게 하여 담론윤리학은 집단의 갈등을 비폭력적으로 해결하려는 윤리학으로 나타나게 된다. 여기에서 담론윤리학의 윤리적, 정치적 함의가 명료하게 드러난다. 우리는 태어나고 자라난 문화권에 따라 구체적인 관습과 규범, 윤리와 종교를 서로 달리하며 우리는 이에 따르는 다양한 입장들 중에서 어떤 것이 옳은가를 객관적으로 규정할 수 없다. 유일하게 가능한 보편적 규범이 있다면 그것은 구체적 입장을 넘어서 있는 타당한 담론의 형식일 뿐이다. 갈등이 생겨날 경우 폭력만을 유일한 수단으로 인정하지 않으려면 우리는 논증적 대화를 통한 공정한 투쟁 외에 다른 해결책을 찾을 수 없다. 물론 순수한 논증적 대화를 통한 해결은 궁핍과 고통, 기만과 현혹, 수사적 유혹과 강제적 폭력이 지배하는 현실 속에서 결코 가능하지 않다. 하지만 바로 그렇기 때문에 그만큼 더 우리에게는 부당한 현실에 저항하여 동등한 논쟁을 가능하게 하는 이상으로서의 "규제적 원칙 regulatives Prinzip"이 필요하다. 이러한 요청을 아펠은 "이상적 의사소통공동체ideale Kommunikationsgesellschaft"를 선취하려는 노력으로 파악한다. 물론 그러한 공동체는 현실에 존재하지 않는 하나의 요청에 불과하다. 하지만 이 요청은 신, 불멸, 자유에 대한 칸트의 요청처럼 초월적인 것이 아니라 논증을 그 본래적 성격으로 하고 있는 언어의 개념 속에 이미 구현되어 있는 내재적 요청이다.

여기에서 드러나는 사실은 아펠이 언어를 이상적 의사소통의 의미로 이해하고 있다는 것이다. 아펠에게 있어 언어행위는 본질적으로 동의를 이루어 내기 위한, 그것도 강제성이 완전히 배제된 이상적 동의를 구현하기 위한 행위로 나타난다. 이는 하버마스의 『의사소통행위이론Theorie des Kommunikativen Handelns』에서 제시되고 있는 언어이해와 그 맥락을 같이 한다. 그들에게 있어 이상적 동의의 이념은 실제 현실과 상관없이 모든 의사소통행위에 선험적으로 전제되어 있는 것으로 파악된다. 이 점에서 담론윤리학은 관념론에 불과하다는 비판에 직면한다. 아펠과 다른 철학자들 사이의 논쟁은 주로 이 점에 집중되고 있다. 비판의 요지는 그의 담론윤리학이 언어의 현실을 무시하고 언어의 이상에만 집착하고 있기 때문에 너무 유토피아적이라는 것과 그 결과로서 기존의 모든 유토피아적 윤리학이 그러했듯이 그의 윤리학 역시도 폭력적 가능성을 내포하고 있다는 것이었다.

아펠은 그의 윤리학의 유토피아적 성격을 인정한다. 하지만 이것은 그의 철학이 과거가 아니라 미래를 지향하는 데에서 생겨나는 피치못할 잉여적 부분이라고 그는 이야기한다. 그리고 그러한 미래에의 지향이 없다면 모든 담론은 현실에 대한 용인과 체념에 빠질 수밖에 없게 될 것이라고 그는 반론을 제기한다.

담론윤리학에 나타난 이상과 현실 사이의 커다란 괴리를 매개하기 위하여 그는 『담론과 책임Diskurs und Verantwortung』에서 "과도적 윤리학Interimsethik"을 제안하고 있다. 과도적 윤리학은 현실적 조건과 시간의 압박 속에서 결정을 내려야 하는 임시적 상황에서의 윤리학을 뜻한다. 이 경우 이상적 담론의 원칙은 부분적으로 그 효력을 유보시킬 수밖에 없지만 이 때에도 상황에 따른 결정은 윤리적 합리성의 이상을 판단의 척도로서 항상 함께 고려해야 한다.

이렇게 함으로써 "과도적 윤리학"은 이상적 의사소통공동체에 끊임없이 접근해가는 과정의 윤리학으로 기능하게 된다. 이렇게 하여 아펠의 윤리학은 결국 두 가지의 "근본적인 규제적 원칙"이 함께 적용될 것을 요구하게 된다. 그 하나는 "현실적 의사소통공동체로서의 인류의 생존을 보장하는 것"이고 다른 하나는 "현실에서 이상적 의사소통공동체를 실현하는 것"이다.[5] 이와같이 이 두 가지 원칙 사이의 갈등 속에서 점진적으로 이상적 질서를 향해 나아가는 것에서 아펠은 자신의 역사적 이념을 발견한다. 이는 이성을 통해 보편적 인간성을 역사 속에 점진적으로 구현하려 하였던 계몽주의적 역사의식을 재생시키는 것을 의미한다. 이렇게 해서 이성을 통한 인류의 진보라는 칸트적 계몽주의는 이상적 의사소통공동체의 점진적 실현으로 변형되어 새로운 동력을 얻게 된다.

5. 아펠철학의 영향과 의의

아펠의 철학은 이성비판과 회의적 정신이 지배적인 시대에 칸트 이래의 철학적 전통을 현대적으로 계승함으로써 오늘날의 철학적 논의에 균형점을 제공하고 신선한 문제의식을 불러 일으켰다. 그의 철학은 오늘날 독일철학에서 한 학파를 이루고 있다. 하지만 그의 철학은 그만큼 커다란 반발을 겪기도 했다. 실제로 이성이 불신받고 있는 현대의 일반적인 철학적 흐름 속에서 그의 철학은 상대적으로 외로운 세력을 대표하고 있다. 독일 내에서 그에게 가해진 비판의 경우를 보면, 가다머와의 논쟁은 그의 합리적 과학주의에 대한 비합리주의적 해석학의 비판을 의미하고, 한스 알버트와의 논쟁은 같은 과학주의 내에서 최후정초의 가능성을 회의하는 포퍼Karl Raimund Popper계열로부터의 비판이라고 할 수 있다. 그밖에도 프랑스와 미국의 이른바 포스트모던적 사유경향을 대표하는 철학자들이 아펠에게 가한 비판과 그의 반론은 서구의 두 대립적 사유전통이 현대성에 대한 역사진단과 미래지향의 문제를 놓고 벌인 생산적 논쟁이라고 평가될 수 있을 것이다.

이와같이 다양한 진영으로부터의 비판을 통해 오늘날 그의 철학의 한계도 여러 면에서 지적되고 있다. 특히 언어의 개념을 의미있는 논증으로 제한하여 침묵, 표정언어 등으로 표현되는 의사소통의 다양한 가능성을 도외시한 것, 그리고 그의 윤리학의 지나친 유토피아적 특성 등은 많은 비판을 받고 있다.

하지만 가치와 방향의 상실로 인한 절망적 허무주의나 보수적 현실안주와 체념으로 나아가기 쉬운 회의주의, 특히 해체의 이름으로 행해지고 있는 이성비판이 정신적 분위기를 지배하고 있는 시대에 비폭력적인 로고스와 보편질서를 추구하고 있는 그의 철학적 에토스는 높이 평가되어 마땅할 것이다. 니체와 하이데거에서 포스트모더니즘에 이르는 철학자들이 서구철학의 '존재망각 Seinsvergessenheit'의 역사와 '로고스중심주의Logozentrismus'에 가하고 있는 비판은 이성편중의 사유방식이 가져 온 왜곡된 문명에 대한 경종이자 정신적 균형을 찾으려는 노력으로서 의미 있게 평가될 수 있을 것이다. 하지만 그렇다면 그들의 "로고스 망각Logosvergessenheit"[6]에 대한 아펠의 비판도 '새로운 불투명성(Die neue Unübersichtlichkeit: 하버마스)'이 지배하는 이 시대에 균형을 모색하려는 노력으로서 귀기울일 가치가 있을 것이다.

아펠의 주요저서

- Die Idee der Sprache in der Tradition des Humanismus von Dante bis Vico, Bonn 1963 Archiv für Begriffsgeschichte Bd. 8.
- Transformation der Philosophie, 2 Bde., Frankfurt/M. 1973.
- Einführende Bemerkungen zur Idee einer 「transzendentalen Sprachpragmatik」, in: C. H. Heidrich(Hg.), Semantics and Communication. Proceedings of the 3rd Colloquium of the Institute for Communications Research and Phonetics, University of Bonn, Amsterdam / London / NewYork 1974, S. 81-144.
- Zur Idee einer transzendentalen Sprachpragmatik, in: J. Simon(Hg.), Aspekte und Probleme der Sprachphilosophie,

Freiburg/München 1974, S. 283-326.

• Der Denkweg des Charles Sanders Peirce, Frankfurt/M. 1975.

• Sprechakttheorie und transzendentale Sprachpragmatik. Zur Frage ethischer Normen, in: Karl-Otto Apel (Hg.), Sprach-pragmatik und Philosophie, Frankfurt/M. 1976, S. 10-173

• Ist die Ethik der idealen Kommunikationsgemeinschaft eine Utopie? Zum Verhältnis von Ethik, Utopie und Utopiekritik, in: W. Vosskamp (Hg.), Utopieforschung, Bd. 1, Stuttgart 1982, S. 325-355.

• Grenzen der Diskursethik? Versuch einer Zwischenbilanz, in: Zeitschrift für philosophische Forschung, Bd. 40 1986, S. 3-31.

• Diskurs und Verantwortung. Das Problem des Übergangs zur postkonventionellen Moral, Frankfurt/M. 1988.

• Normative Begründung der 『Kritischen Theorie』 durch Rekurs auf lebensweltliche Sittlichkeit? Ein transzen-dentalpragmatisch orientierter Versuch, mit Habermas gegen Habermas zu denken, in: A. Honneth u. a. (Hg.), Zwischenbetrachtungen. Im Prozess der Aufklärung, Jürgen Habermas zum 60. Geburtstag, Frankfurt/M. 1989.

아펠에 관한 주요저서
• 김 진, 『아펠과 철학의 변형』, 철학과 현실사 1998.
• 발터 레제쉐퍼, 『칼 오토 아펠과 현대철학』, 1997.

- 이삼열 외, 『철학의 변혁을 향하여: 아펠 철학의 쟁점』, 철학 과현실사 1998.
- Hans Albert: Transzendentale Träumereien. Karl-Otto Apels Sprachspiele und sein hermeneutischer Gott, Hamburg 1985.
- Wolfgang Kuhlmann/Dietrich Böhler Hg., Kommunikation und Reflexion, Frankfurt/M. 1982
- Walter Reese-Schäfer, Karl-Otto Apel zur Einführung, Hamburg 1990

| 주석 |

1. K.-O. Apel, Das Problem der philosophischen Letztbegründung im Lichte einer transzendentalen Sprachpragmatik, in: B. Kanit-schneider(Hg.), Sprache und Erkenntnis, Innsbruck 1976, S. 72f.

2. K.-O. Apel, Diskurs und Verantwortung, Frankfurt a. M. 1988, S. 114.

3. K.-O. Apel, Transformation der Philosophie, Bd. 2, Frankfurt a. M. 1973, S. 424 f.

4. K.-O. Apel, Transformation der Philosophie, Bd. 2, Frankfurt a. M. 1973, S. 420 f.

5. K.-O. Apel, Transformation der Philosophie, Bd. 2, Frankfurt a. M. 1973, S. 431.

6. K.-O. Apel, Diskurs und Verantwortung, Frankfurt a. M. 1988, S. 48, 90, 114.

IV
대화적 실존

가다머Hans Georg Gadamer의 철학적 해석학

IV. 대화적 실존

– 가다머Hans Georg Gadamer의 철학적 해석학 –

1. 사상의 배경

19세기의 서구를 지배하였던 사고는 과학 기술 문명이 가져다 줄 진보에 대한 믿음이었다. 자연과학의 방법론적 엄밀성과 그것이 이루어낸 성과는 사람들을 사로 잡았고 이에 따라 자연과학은 모든 참된 인식의 모범으로 간주되었다. 자연과학은 세계를 수치화하고 계량화하여 인과적 법칙에 종속시키고 이를 통해 세계의 변화를 예측가능하게 만드는 것을 목표로 한다. 이러한 자연과학적 사고는 인간과 사회를 다루는 정신과학Geistes-wissenschaften에도 침투하여 전통적인 형이상학적 방법을 대치하기에 이르렀다. 콩트A. Comte의 실증주의는 그 대표적 예라고 할 수 있다.

하지만 이러한 사고방식은 계량화된 객관적 법칙으로 환원될 수 없는 인간과 역사 세계의 고유성을 오인하거나 망각하고 있다는 문제의식이 생겨났다. 이러한 문제의식은 특히 딜타이,

베르그송, 니체 등에 의해 대표되는 삶의 철학의 이름으로 제기
되었다. 그후 20세기에 있었던 두 차례의 참혹한 전쟁과 환경파
괴 등의 체험은 진보의 믿음에 대한 회의를 불러 일으켰고 논리
적 이성의 한계를 느끼도록 만들었다. 이와 더불어 과학기술문
명에 대한 비판이 뒤따랐다. 계량화된 사고의 만연, 내적 자기성
찰의 결여, 가치의 피상화, 인간성의 망각 등이 경고되었다.

이러한 문제의식은 특히 가다머의 철학적 해석학에서 진지
하게 표현되고 있다. 딜타이 이래로 해석학은 자연과학에 대한
정신과학의 정체성 문제를 진지하게 다루어 왔다. 가다머의 해
석학 역시 그 연장선상에서 인간과 역사의 문제를 탐구하고 있
다. 해석학의 중심문제의 하나인 인간 현존재의 역사성은 이것
을 문제 삼아 온 해석학 자체에도 해당된다. 따라서 가다머의 해
석학을 살펴 보기에 앞서 우선 그에 이르기까지의 해석학의 역
사를 간략하게 개관해 보고자 한다.

해석학(Hermeneutik, hermeneutics)이라는 용어는 원래 해석
의 기술을 의미한다. 이 단어는 고지(告知), 통역, 설명, 해석 등
을 뜻하는 희랍어 헤르메네웨인$\varepsilon\rho\mu\eta\nu\varepsilon\upsilon\varepsilon\iota\nu$에서 유래했다.[1] 이
희랍어는 그리스 신화에 나오는 전령의 신 헤르메스Hermes에
게서 비롯된 것으로 일반적으로 알려지고 있다. 신들의 뜻을 인
간에게 전달해야 하는 헤르메스의 사명은, 인간으로서는 헤아릴
수 없는 무한한 신들의 뜻을 유한한 인간의 언어로 옮겨 인간에
게 이해 가능하도록 만들어야 하는 어려움을 내포한다. 이런 의
미에서 헤르메스의 신화에는, 의미의 전달에는 항상 해석과 이
해의 과정이 수반된다고 하는 해석학의 기본전제, 그리고 '이
해'라고 하는 현상의 근원을 밝히려는 현대 해석학의 근본과제

가 암시되어 있다고 할 수 있다. 또한 이 신화는 진리란 은폐된 존재를 인간의 언어를 통해 열어 보이는 것이라고 하는 하이데거와 가다머의 해석학적 진리개념을 비유적으로 함축하고 있다.

현대적 의미에서의 해석학의 성립은 근대에 들어와 신학과 문헌학, 법학 등의 분야에서 실제적 필요에 의해 이루어졌다. 즉, 고대의 언어로 되어 있는 성서나 고전 문헌들을 올바르게 이해하여 오늘날의 언어로 옮길 때 요구되는 해석상의 방법과 규칙을 정립하려 한 데에서 신학적, 문헌학적 해석학이 생겨났고, 포괄적이고 추상적인 법률조항을 구체적 사례에 적용할 때 요청되는 법률해석상의 문제에서 법학적 해석학이 성립되었던 것이다. 기존의 카톨릭교리에 대항하여 새로운 성서해석을 시도한 종교개혁가들, 학문적인 혹은 실무적인 이유로 해석상의 원칙과 규칙을 세울 필요를 느꼈던 문헌학자들과 법률가들에 의해 개별적으로 발전되어 온 해석의 기술로서의 해석학은 요한 아우구스트 에르네스티Johann August Ernesti와 프리드리히 아우구스트 볼프Friedrich August Wolf 그리고 프리드리히 아스트Friedrich Ast를 거쳐 슐라이어마허Schleiermacher에 와서 새로운 전기를 맞게 된다. 에르네스티는 문법적 해석의 제요소를 체계적으로 확립하여 볼프와 아스트의 해석학적 체계에 기반을 제공하였고 볼프와 아스트는 이해의 정신성과 역사성에 주목함으로써 해석의 철학적 지평을 열어 놓았다. 슐라이어마허는 이들의 해석학에 나타나고 있는 철학적 경향을 계승하고 발전시켜 해석학을 철학의 수준으로 끌어올렸다.[2]

슐라이어마허가 해석학에 끼친 가장 커다란 공로는 당시까지 신학이나 문학 또는 법학의 전문적 보조분야로 머물러 있던

"특수한 해석학"을, 언어로 표현된 모든 것을 이해하는 기술로 서의 "보편적 해석학"으로 승격시켜 해석학을 새로운 차원 위에 올려놓았다는 것이다. 그의 해석학에는 종교의 본질을 이성과는 무관한 감성적 직관에서 찾았던 낭만주의 신학자로서의 그의 사상적 입장과 플라톤을 완역한 고전 문헌학자로서의 그의 경험이 함께 결집되어 나타나고 있다. 그는 해석학의 근본문제를 이해의 현상을 해명하는 일에 집중시킨다. 이에 따라 그의 해석학은 여러 분야의 다양한 문헌들을 해석할 때 나타나는 실제적 문제들을 해결하기 위한 규칙들에 더 이상 관심을 두지 않는다. 그는 또한 과거의 해석학적 이론에서 중심적으로 다루어지던 설명의 기술 역시도 해석학의 영역에서 배제한다. 설명은 궁극적으로 수사학적 기술과 관련되며 따라서 설명의 기능은 이해의 기능과 근본적으로 구별되는 별개의 문제라는 것이다. 이렇게 하여 이제 해석학은 "이해의 기술Kunst des Verstehens"이 되며 그 근본과제는 이해란 과연 무엇인가, 그리고 이해가 도대체 어떻게 가능한가를 해명하는 일이다.

인간들 사이에 이해가 이루어지는 기본모델로서 슐라이어마허는 대화를 제시한다. 그에 따르면 대화는 화자가 체험한 정신적 과정을 청자가 자신의 내면에서 정신적으로 반복함으로써 가능하게 된다고 한다. 이때 화자는 자신이 체험한 것을 언어적 표현을 통해 고정된 모습으로 완결시키고 청자는 그 고정된 표현을 통해 화자의 심리적 과정을 역으로 추적함으로써 이해에 도달하게 된다. 이와같이 하나의 체험을 역행적으로 재구성해내는 과정을 슐라이어마허는 추체험Nacherfahren이라고 부르고 있다. 여기에서 추체험을 통한 이해는 화자와 청자 사이의 정신적

일치Kongenialität라고 하는 신비스러운 사건을 통해 일어난다. 이와같이 신비스러운 정신적 일치에서 이해라는 현상의 본질을 찾고 있다는 데에서 낭만주의 신학자로서의 슐라이어마허의 세계관이 잘 드러나고 있다. 슐라이어마허에 따르면 전승된 문헌의 해석도 저자와의 대화를 통해 이해에 도달하는 과정에 다름 아니다. 이에 따라 이해의 기술로서의 해석학은 이제 더 이상 분과 학문들의 보조수단이 아니라 역사학적 정신과학 분야에 보편적으로 적용되는 토대학문의 지위를 얻게 된다.

왜냐하면 모든 역사학적 정신과학 분야에서의 연구란 고정되고 완결된 체험으로서의 전승된 기록과 문헌을 이해하는 일, 다시말해 역행적으로 재구성해내는 일이기 때문이다. 이때 이러한 재구성을 가능하게 하는 근본원리가 "해석학적 순환her-meneutisches Zirkel"이라고 하는 변증법적 과정이다. 해석학적 순환에 대한 사상은 이미 아스트에게서도 해석의 가능근거로서 중요한 역할을 부여받은 바 있다. 아스트는 현재로부터 동떨어진 고대의 관점들을 이해할 수 있는 가능근거로서 정신의 통일성을 내세우고 전체로서의 정신과 그 부분적 표현으로서의 개별 사건 사이의 상호성을 이해의 조건으로 상정하였었다. 즉 전체는 부분들의 내적 조화로서 이해되고, 부분은 전체의 맥락하에서만 이해된다는 것이다.

아스트에게서는 해석학적 순환이 전체와 부분의 상호관계를 설명하기 위한 관념론의 모습으로 나타나고 있는데 반해 이제 슐라이어마허에 와서 이것은 심리적 사건으로서의 이해에 동반되는 구체적 과정으로 파악된다. 즉, 말이나 글을 통해 어떤 문장에 접하게 될 때 우리는 전체로서의 그 문장의 의미를 개개의 단어들에 의존하여 이해한다. 역으로 개개의 단어의 참된 의미는 전체의 맥락 하에서만 올바르게 이해될 수 있다. 단어와 문장 사이의 이러한 상호관계를 우리는 문장과 그 문장들의 복합체인 완결된 글 전체와의 관계로 확대하여 생각할 수 있다. 이 때에도 개개의 문장들과 글 전체의 의미관계는 상호의존적인 변증법적 관계로 나타난다.

논리적 관점에서 볼 때 이러한 변증법적 과정으로서의 해석학적 순환은 모순에 불과한 것으로 보일 수도 있다. 전체의 의미가 부분에 의존하고 있다고 하면서 동시에 부분의 의미를 알기 위해서는 전체를 파악하고 있어야 한다고 요구하는 경우, 우리는 도대체 어디에서부터 의미의 '이해'를 시작해야 할지 알 수 없게 되기 때문이다. 하지만 해석학적 순환은 이해의 과정에서 확인되는 하나의 사실Faktum로서 실제적 기능을 행하고 있다. 따라서 해석학적 순환은 논리를 넘어서는 직관의 영역과 논리에 앞서 있는 공유된 이해영역이 인간의 정신에 작용하고 있음을 암시해 준다. 이로 인해 해석학적 순환은 오히려 자연과학의 논리적인 인식의 한계와 편협성에 대한 비판의 근거를 제공한다.

이해의 보편성에 주목함으로써 해석학을 철학의 수준으로 끌어올리고 해석학적 순환에서 직관과 선이해의 영역을 암시한 슐라이어마허의 보편적 해석학은, 딜타이에서 하이데거와 가다머에 이르는 이후의 해석학의 전개에 결정적 영향을 미쳤다. 하지만 이해를 심리적 재구성의 과정에 한정시킨 그의 해석학적 체계의 편협성은 후에 특히 가다머에 의해 비판의 대상이 된다.

슐라이어마허 이후 보편적 해석학에 대한 관심은 오랜 동안 잊혀져 있었다. 역사학파라는 이름으로 총칭되는 역사학적, 법학적 사조의 대표자들에 의해 해석학의 문제가 깊이 있게 논의되기는 했지만 그들에게 있어 해석학의 문제는 보편적인 이해의 기술이라기 보다는 분과학문적 관심에 국한된 성격을 지니고 있었다. 더구나 19세기는 자연과학이 가져다 준 놀라운 성과가 인간의 사고를 지배하기 시작한 시기였다. 이에 따라 전통적인 형이상학은 힘을 잃고 자연과학의 원리와 사고방식이 정신과학에까지 침투해 들어와 정신과학의 정체성을 위협하고 있었다.

딜타이는 이러한 자연과학적 사고방식의 만연과 그 위험성에 대항하여 정신과학의 본래적 정체성을 지켜내는 것을 그의 학문적 과업으로 삼았다. 그는 물질을 대상으로 하는 자연과학은 결코 인간의 정신 및 그 산물로서의 역사, 예술, 법 등을 대상으로 하는 정신과학의 모범이 될 수 없다고 생각했다.

딜타이에게 있어 정신과학의 대상들은 자연과학적 법칙으로는 설명할 수 없는 인간의 삶의 표현이었다. 딜타이는, 삶은 자연과학의 인과적이고 기계적인 사고로는 포착할 수 없는 인간에게 있어 가장 본래적인 역동성이라고 파악했다.

이러한 "삶의 철학Lebensphilosophie"의 입장으로부터 그는 정신과학을 자연과학과는 전혀 다른 기반 위에 정초해야 할 필요를 인식하게 되었다. 딜타이에 따르면 정신과학과 자연과학은 어떤 대상이나 사실을 서로 다른 관계 맥락에서 다루며 따라서 그 방법론도 전혀 상이할 수밖에 없다. 이것을 딜타이는 "자연을 우리는 설명하고 영혼의 삶을 우리는 이해한다.Die Natur erklären wir, das Seelenleben verstehen wir"고 하는 유명한 명제로 요약하고 있다.[3]

자연과학은 개별적인 외적 현상을 보편적인 현상으로 환원

시켜 설명하는 것임에 반해 정신과학은 내적인 체험을 다른 어떤
것으로도 환원될 수 없는 그것의 개별성 자체로서 이해하고 평가
한다. 정신과학의 과제는 인간의 정신적 체험, 그리고 그 표현으
로서의 사회적 역사적 세계의 의미를 이해하는 일이다. 이해는
논리적 인식에 의해 주어지는 것이 아니다. 이해는 이성과 감성
과 의지 등, 인간 정신의 모든 능력이 함께 결합하여 삶과 삶의
일치, 다시 말해 체험의 일치를 가능하게 하는 특수한 계기이다.
이렇게 하여 슐라이어마허가 정립한 이해의 기술로서의 보편적
해석학은 딜타이에 의해 수용되고 계승되어 이제 정신과학 일반
의 방법을 정초하는 철학적 근거로서의 역할을 하게 된다.

   딜타이에 따르면 정신과학적 방법론을 위한 출발점은 인간
의 직접적이고 무매개적인 체험Erlebnis이다. 딜타이는 체험을
통일된 의미를 갖는 최소 실재 단위라고 정의한다. 인간의 삶은
이러한 체험이라는 단위로 이루어진다. 인간의 삶은 현재라는
계기 속에서 과거의 회상과 미래에의 지향이 만나는 시간적 역
동성 속에서 이루어진다는 것을 딜타이는 간파하고 있었다. 따
라서 체험에 대한 이해는 삶에 본래적으로 내재된 체험의 역사
성에 대한 이해이다. 이렇게 하여 체험은 정신과학의 본래적 대
상인 인간의 역사적 삶과 그 의미의 기본단위이자 최소단위로
제시된다.

   인간의 내적 체험은 사상, 예술, 법률, 언어 등 문화사의 구
체적 대상들에서 외적으로 표현된다. 정신과학은 객관화
Objektivierung된 정신으로서의 그러한 삶의 표현들을 그 대상
영역으로 한다.

   정신과학의 과제인 이해는, 역사적으로 객관화된 삶의 표현

들 속에 내재된 체험을 추체험하는 일이다. 역사적 대상에 대한 이러한 추체험에서 우리는 시공간적으로 우리와 무관한 타자를 발견하는 것이 아니라 자신과 일치되는 타자, 타자화된 자기자신을 재발견한다. 이 점에서 이해는 인간의 인격적 본질을 이룬다. 다시말해 이해는 자연과학적 설명처럼 다른 무언가를 위한 수단이 아니라 그 자체가 삶의 본질과 목적인 것이다.

딜타이가 추구하는 방법론의 두 가지 근본명제에 따르면 이해는 이미 이해되어진 것에 대한 이해이며, 모든 적합한 해석은 보다 나은 이해를 향한 무한한 노력을 내포한다는 것이다. 이것이 구체적으로 의미하는 바는 문헌들은 거듭 읽혀짐으로써 그것이 서있는 역사적 맥락이 보다 더 완전하게 해명된다는 것이다. 하나의 역사적 맥락은 스스로를 다른 것으로부터 구분짓고 자신의 독특한 위치를 주장한다. 해석이란 다른 것으로 환원될 수 없는 그 독특한 위치를 보다 더 완전히 해명하는 일이다. 결국 이해는 선이해에서 출발하여 해석 속에서 지양된다. 이러한 딜타이의 해석학에서 진보의 가능성에 대한 19세기적 낙관주의와 역사적 상대주의의 흔적을 발견할 수 있다.

딜타이는 자연과학의 대상으로 환원될 수 없는 삶의 존재론적 특수성을 제시하고 이해의 역사성을 강조함으로써 하이데거의 철학에 깊은 영향을 미쳤다. 그의 주된 노력은 자연과학의 방법론에 상응하는 정신과학의 방법론을 정초하는 데 있었다. 하지만 방법론에 대한 이러한 집착은 그의 해석학 체계에 갈등과 모순을 끌어들였으며 이는 가다머의 비판 대상이 된다.

딜타이의 정신과학적 방법론을 위한 해석학에서 가다머의 철학적 해석학Philosophische Hermeneutik에로 나아가는 길은 하이데거에 의해 개척되었다. 하이데거는 그의 주저 『존재와 시간』에서 전개한 그의 철학을 해석학적 현상학hermeneutische Phänomenologie이라고 이름 붙였다. 이 용어는 그의 철학이 딜타이의 해석학적 사상과 후썰Husserl의 현상학적 방법을 함께 묶어 사유하고 있음을 암시한다. 『존재와 시간』에서 하이데거는 한편으로 삶을 삶 자체로부터 파악하려는 태도와 이해의 역사성에 대한 해명 등과 같은 딜타이의 사상을 실존존재론 위에 현상학적으로 정초함으로써 해석학의 문제들을 철학적으로 심화시키고 있다. 또 한편으로 하이데거는 딜타이 해석학의 근본의도를 수용함으로써 후썰의 현상학에 내재된 과학주의적 제경향을 넘어서려 한다.[4] 이에 따라 '이해'의 문제는 이제 사유의 한 방식에 불과한 것이 아니라 인간 현존재의 근본적 구조가 되며 이해의 시간성과 역사성의 문제도 인간실존의 본래적 성격으로 내재화되어 역사적 상대주의를 넘어서게 된다. 또한 진리를 존재의 "탈은폐Entbergung"와 "은폐Verbergung"로 해명하고 있는 후기 하이데거의 사상은 '이해의 학문die verstehende Wissenschaften'으로서의 정신과학에 새로운 문제의식을 불러 일으켰다. 노년에 이르기까지 하이데거의 제자임을 자처한 가다머는 하이데거가 열어놓은 그러한 철학적 지평 위에서 해석학의 문제를 새로이 조명하였다.

2. 가다머의 생애와 철학

가다머는 1900년 2월 11일 마부르크에서 자연과학자의 아들로 태어났다. 그의 부친은 약학계의 저명한 인물로서 한동안 마부르크 대학 총장을 지내기도 하였다. 어린 시절을 브레슬라우에서 보낸 가다머는 "자연과학만이 진정한 학문"이고 정신과학은 "수다만 지껄일 뿐인" 교수들의 학문이라고 생각하였던 부친의 뜻을 거슬러 브레슬라우에서 철학 공부를 시작하였다. 곧이어 그는 당시 신칸트학파의 아성이었던 마부르크로 대학을 옮겨 1919년에서 1922년까지 파울 나토르프Paul Natorp와 니콜라이 하르트만Nicolai Hartmann의 지도하에 계속 철학을 공부하였다.[5]

1921년 가다머는 어떤 세미나에서 처음으로 하이데거의 이름을 듣게 되었다. 당시 하이데거는 이미 한나 아렌트Hanna Arendt의 표현대로 "철학계의 은밀한 제왕"으로서 철학도들과 철학자들의 입에 오르내리고 있었다.[6] 1923년 박사학위를 취득한 가다머는 하이데거의 강의를 듣기 위해 프라이부르크로 갔다. 그는 곧 하이데거에게 완전히 매혹되어 그의 제자가 되었다. 한편으로는 하이데거의 충고에 따라 또 한편으로는 항상 "그의 어깨를 넘겨다보고 있는 듯한"[7] 그의 강력한 영향에서 벗어나기 위해 그는 1927년까지 고전 문헌학을 공부하였다. 2년 후 그는 하이데거의 지도하에 플라톤의 변증법적 윤리학에 대한 교수자격 논문을 완성하였다. 이 논문에는 이미 그의 훗날의 철학적 특징이 잘 드러나 있다.

당시 하이데거도 역시 그리스적 사유에 대한 과감한 새로운 해석에 몰두하고 있었다. 하이데거는 소크라테스 이후의 그리스 철학에서 로고스 중심주의 및 근대의 주관주의적 사유의 원형을 발견하고 이에 대한 근본적 비판을 통해 전통적 형이상학의 파괴를 기도하고 있었다. 하지만 가다머는 고대 그리스 철학을 그

의 스승과 전혀 다른 관점에서 바라보았다. 그는 그리스 철학 특
히 소크라테스와 플라톤의 대화술에 매혹되고 있었다. 그가 플
라톤의 대화에서 체험하였던 것은 "대화 속에서는 타자가 아니
라 오히려 자기자신이 타자에 의해 문제시된다는 사실"[8]이었다.
대화에서 이야기되는 것 자체의 효력에 주목하고, 타자와의 대
화를 통해 자신의 한계를 인식하는 것은 훗날 그의 철학의 기본
노선이 된다.

　1937년 그는 라이프치히 대학에서 교수직을 얻는다. 하이데
거와 달리 나치체제에 대해 처음부터 거부감을 느꼈던 그는 정
치와 무관한 정신적 영역에만 집중하였다. 덕분에 그는 전후 라
이프치히 대학 총장직에 오르게 되었다. 하지만 소련 점령군 측
과의 문제로 어려움을 겪던 가다머는 1947년 프랑크푸르트로
이주하였고 1949년 하이델베르크에서 야스퍼스의 교수직을 물
려받았다. 이곳에서 그는 그의 주저 『진리와 방법』의 저술을 시
작하여 60세가 다 된 1959년에 완성했다. 이 저서는 그에게 일
약 세계적인 명성을 안겨주었다.

3. 『진리와 방법』

　가다머는 많은 논문들과 저서들을 발표하였지만 그의 중심
사상은 『진리와 방법』에 집약되어 있다. 이 저서의 중심문제의
하나는 정신과학의 자기이해의 문제였다. 이에 있어 가다머가
출발점으로 삼고 있는 것은 해석학의 근본과제인 "이해"의 문제
이다. 물론 가다머에게 있어 이해는 더 이상 슐라이어마허에게
서처럼 심리적 재구성 과정으로 한정되지 않으며 딜타이에게서

처럼 정신과학의 독자적인 방법론을 제공해 주지도 않는다. 가다머는 그의 스승인 하이데거의 실존존재론에 근거하여 이해를 인간 현존재의 근본적 운동구조로 파악한다. 이해는 척도를 제공하는 선험적 공간에 위치하는 것이 아니라 현존재의 시간성 자체에 내재적으로 숨어 있다. 따라서 이해는 세계 내 존재In-der-Welt-Sein로서 시간에 구속되어 가능성의 의미로서의 미래에로 스스로를 기투Entwurf하는 현존재의 실존방식이 된다. 이것이 의미하는 것은 우리는 반성적 의식을 갖기 전에 이미 항상 세계를 그 어떤 것으로서 해석하고 있으며 이를 통해 세계가 그 어떤 것으로서 나타나고 동시에 은폐된다는 것이다. 결국 이해는 현실에 대한 모든 접근 가능성에 선행하며 따라서 자연과학적 접근에 대해서도 선행한다. 그러므로 딜타이가 말한 자연과학과 정신과학의 엄격한 분리도 있을 수 없는데 왜냐하면 이들은 모두 이해의 근원적 우월성에 예속되기 때문이다. 이해가 실존의 본래적 방식이 됨에 따라 해석학의 의미와 정신과학의 자기이해도 새로이 정초된다. 가다머는 먼저 이해를 저자가 체험한 심리적 과정의 재구성으로서의 추체험으로 파악하고 있는 슐라이어마허의 해석학을 비판한다. 과연 어떤 문헌의 의미가 그 저자가 체험한 심리적 과정으로 환원될 수 있는가라고 가다머는 묻는다. 예를 들어 법학적 해석학에서 법률조항을 해석할 때 그 해석이 입법자의 사고과정을 추체험하는 것으로 끝나지 않는 것은 명백하다. 어떤 구체적 사례에 법률조항을 적용하기 위해 법률해석을 할 때 거기에는 필연적으로 창조적 해석이 개입될 수밖에 없다. 예술작품의 경우에도 마찬가지이다. 음악작품의 해석으로서의 지휘자의 연주, 연극연출자의 작품해석 등이 작곡가

나 작가의 원래의 체험으로 환원될 수는 없다. 여기에도 필연적으로 해석의 창조성이 함께 동반된다.[9]

특히 문제되는 것은 본래적 체험의 재구성이라는 것이 실제로 불가능한 요구일 수밖에 없다는 것이다. 『진리와 방법』에서 가다머는 헤겔을 길게 인용함으로써 체험의 재구성이 원칙적으로 불가능하며 그것이 해석의 본래의 과제일 수도 없다는 것을 설명한다. 헤겔은 예술작품을 나무에서 떨어진 아름다운 과일에 비유하면서 이 과일의 의미가 그것을 매달고 있던 나무나, 그것을 자라나게 한 토양, 기후, 사계의 변화 등으로 환원될 수 없음을 지적하고 그 과일의 참된 의미는 아름다운 소녀가 그 과일을 소반에 담아 우리 앞에 내놓을 때 더 잘 드러난다고 은유적으로 이야기 한다. 가다머는 이 비유를 통해 역사의 참된 의미는 과거의 재구성에 있는 것이 아니라 과거를 능동적 사유를 통해 현재의 삶에 매개하는 데 있다고 역설한다.[10]

가다머는 딜타이가 정신과학적 연구의 독자적 성격을 강조한 것을 일단 긍정적으로 평가한다. 문제는 딜타이가 정신과학의 특수성을 끝까지 철저하게 인식하지 못했다는 것이다. 딜타이는 자연과학의 한계에 대해 비판적이면서도 자연과학이 보여주는 엄밀한 방법론과 그 성과에 여전히 매혹되어 있었다. 딜타이는 자연과학에 대비되는 정신과학의 특수성을 강조하면서도 자연과학에 비견할 만한 엄밀한 방법론과 성과를 정신과학에서도 성취할 수 있기를 원했다. 이에 따라 딜타이는 자연과학이 정신과학에 직접적으로 침투하는 것을 경고하면서도 간접적으로는 여전히 자연과학을 모범으로 삼고 있었던 것이다. 딜타이가 체험을 해석학의 최소단위이자 기본단위로 설정하고 이로부터 그의 정신 과학적 방법론의 체계를 수립했을 때 그는 원자를 기본 단위로 하여 물질의 질서를 체계적으로 설명한 물리학의 모범을 따르고 있었다. 또한 그의 방법론이 추구하고 있는 "보다 나은 이해"는 진보의 가능성에 대한 19세기적 낙관주의의 표현이었다.[11]

방법론에 대한 딜타이의 집착은 『진리와 방법』에서 가다머의 비판 대상이 된다. 하이데거의 철학을 출발점으로 하고 있는 가다머의 해석학은 객관성에 도달하기 위한 보편타당한 방법론이 정신과학의 진리와는 본래 무관하다는 것을 역설한다. 그의 저서의 제목인 『진리와 방법』은 진리와 방법이 상호적인 것이 아니라 서로 대립적임을 뜻한다. 물론 여기에서의 진리는 자연과학의 진리개념과는 전혀 다른 의미를 지닌다. 즉, 정신과학의 진리는 근거에 의하여 증명될 수 있는 옳고 그름이 아니라 세계가 해명되고 개시되는 방식을 의미한다. 이러한 진리는 자연과학적 설명과 다른 어떤 것이 아니라 그에 선행하는 것이며 따라서 더 우월한 존재론적 지위를 갖는다.

이렇게 하여 이해의 역사성은 "해석학적 원칙"으로 격상되고, 시간성 혹은 현존재의 구체적 역사성은 이해가 생겨나는 선험적 규준을 형성한다. 이제 모든 구체적 이해과정은 역으로 시간성 속으로 되돌아가게 된다.

이러한 입장에서 가다머는 선입견Vorurteil과 전통을 긍정적으로 재해석한다. 가다머에게 있어 선입견은 결코 부정적인 의미로서가 아니라 법정에서의 예심판단처럼 판단의 근본조건의 의미를 지닌다. 선입견은 시간적 현존재의 근본구조이자 모든 해석가능성의 기본조건인 하이데거의 '선이해Vorverständnis'

에 해당되는 개념이다.

『존재와 시간』에서 하이데거는 이해의 존재론적 특성으로서 선이해를 강조함으로써 인간 인식의 유한성을 강조하였다.[12] 이러한 입장의 연장선상에서 가다머는 인간이 영원히 보편타당한 진리를 인식한다는 것은 불가능하다는 것을 거듭 강조한다. 이처럼 가다머의 철학적 해석학은 하이데거의 철학적 노선을 충실히 따르고 있다. 굳이 이 두 사람의 철학에서 나타나는 차이를 거론한다면 하이데거가 고독한 개인적 실존의 철학자였던데 반해 가다머는 개방적인 대화의 철학자라는 것이다. 이에 관해 가다머 자신은 다음과 같은 이야기를 한 바 있다. 즉 그의 스승은 "헤겔 이래로 그 누구보다도 귀를 잘 기울이는 인물"이기는 했지만 역시 헤겔과 마찬가지로 "자신의 사유의 힘에 사로잡혀 과거의 고유한 목소리를 흘려 들어버리는 인물"이기도 하였다는 것이다. 이에 반해 가다머 자신은 오로지 "보다 더 귀를 기울이는 사람"이 되는 일에 힘을 쏟아 왔다고 한다.[13]

가다머가 귀를 기울이는 주된 대상은 "과거의 고유한 목소리"로서의 전통Tradition이다. 여기에서의 전통은 단순히 고정된 과거의 관습을 뜻하는 것이 아니라 사고의 전제와 기반이 되는 지평을 뜻한다. 우리가 사유할 때 우리는 이미 항상 어떤 지평 위에서 사유한다. 무전제적 사유, 무지평적 사유란 있을 수 없다. 아무런 전제없는 순수한 이성적 사유란 정신적 허상일 뿐이다. 역사적 현존재의 선이해를 구성하는 지평이 바로 전통이다. 이러한 의미에서의 전통은 우리의 사유를 구속하는 획일적 지평이 아니라 개방된 대화의 지평이다. 이해하는 존재로서의 인간은 전통과 대화함으로써 자기이해와 세계이해의 지평을 넓

혀나간다. 따라서 전통과의 대화란 지평과 지평이 서로 만나 확대되어 나가는 과정이다. 이러한 지평과 지평의 만남을 가다머는 지평융합Horizontverschmelzung이라고 부른다. 이해란 결국 지평융합의 부단한 과정에 다름아니다.[14]

가다머는 지평융합이 이루어지는 방식인 대화의 구조를 상세히 분석한다. 대화에 대한 강조는 하이데거 철학에 대비되는 가다머 해석학의 중요한 특징을 이룬다. 가다머는 참된 의미에서의 대화가 이루어질 때 그 대화를 이끄는 주체는 대화를 하고 있는 당사자들이 아니라 그 대화 자체라고 지적한다. 다시말해 우리가 대화를 이끄는 것이 아니라 대화가 우리를 이끈다는 것이다. 인간이 아니라 "언어가 말한다Die Sprache spricht"라고 한 그의 극단적 주장은 이러한 사상의 구호적 표현이라 할 수 있다. 대화는 무한히 개방되어 있는 자신의 지평 속으로 우리를 이끈다. 따라서 진정한 대화의 가능성은 자신의 견해를 서로 주장하여 관철하거나 타협하는 것이 아니라 대화 자체가 열어주는 지평의 개방성에 기꺼이 참여하고자 하는 마음의 자세 속에 존재한다. 대화란 참된 질문과 대답의 추구 속에서 존재가 스스로를 드러내는 과정이다. 대화의 존재론적 위치를 가다머는 "사이zwischen"라고 정의한다. 결국 정신과학의 본령은 자신이 속한 친숙한 전통과 시공간적으로 동떨어진 낯선 전통 "사이"에서 대화를 통해 부단히 지평융합을 이루는 데 있다. 이를 가다머는 "해석학의 참된 장소는 사이에 존재한다"[15]라고 요약해서 말한다.

이러한 입장에서 가다머는 계몽주의에 의해 비판된 두 가지 개념인 전통과 권위의 복권을 시도한다. 계몽주의는 판단의 척도로서 전통의 권위 대신에 이성을 내세우고 모든 권위를 이성의 판단에 복속시키려 하였다. 칸트가 그의 유명한 논문 『계몽이란 무엇인가Beantwortung der Frage: Was ist Aufklärung?』에서 판단을 다른 것에 맡기는 미성년 상태에서 벗어나 자신의 이성을 자유로이 사용하는 것으로 계몽의 명제를 요약한 것은 그 대표적 표현이다. 권위가 자율적인 판단을 대신하는 것의 부당성을 가다머는 인정한다. 가다머가 문제삼는 것은 계몽주의가 편협한 이성의 관점에서 모든 권위를 폄하했다는 것이다. 가다머는 참된 의미에서의 권위는 이성을 자신에게 강제로 복종시키는 것이 아니라 자율적인 승인에서 나오는 것이라고 이야기한다. 가다머에게 있어 참된 권위는 부여되는 것이 아니라 획득되는 것이며 이성의 자율적인 활동에 의한 승인의 결과이다. 따라서 맹목적인 명령과 복종관계는 이런 의미에서의 권위와는 전혀 무관하며 권위주의적 태도는 오히려 참된 권위의 결여를 증언할 뿐이다. 따라서 권위는 타율적 복종이 아니라 자율적 인식과 관계된다. 즉 어떤 사람이 판단과 통찰에 있어 보다 우월하다는 인식, 어떤 판단과 통찰이 다른 것보다 더 우월하다는 사실에 대한 자율적 승인의 결과가 권위라는 것이다.[16]

권위의 복권을 통해 가다머가 기도하고 있는 것은 이해의 지평으로서의 전통의 의미를 강조하는 데 있다. 가다머 해석학의 본래적 의도의 하나는 전통과의 연결을 재획득하여 인간을 인간의 역사성으로부터 이해하려는 것이었다. 역사에 대한 이해는 현재에 작용을 미치고 있는 전통들을 통해 현재의 자기자신을 이해하기 위한 것이다. 해석학적 성찰을 통해 우리가 발견하는 것은 역사적 존재로서의 우리 자신이다. 따라서 그러한 성찰은 완결될 수 있는 것이 아니라 항상 새로이 기도되어야 하는 성격의 것이다. 하나의 역사에 대한 이해란 그 역사의 의미에 대한 완결된 인식이 아니라 역사를 변화시키고 지속시키는 것이다. 따라서 역사는 영향사적 관계로서 정의된다. 이것을 가다머는 다음과 같이 요약하고 있다. "이해란 본질적으로 영향사적 과정이다."[17]

이러한 입장에 따라 해석학의 중심개념의 하나인 "해석학적 순환"도 새로운 조명을 받게 된다. 딜타이에 이르기까지 해석학적 순환은 전체와 부분 사이의 변증법적 상호관계로 파악되었다. 해석학적 순환에 대한 이러한 관념론적 파악은 이해의 완결 혹은 진보가능성을 담보해 주었었다. 반면에 이제 가다머에게 있어 해석학적 순환은 낯선 것과 친숙한 것, 텍스트와 해석자, 전통과 현재 사이의 부단한 지평융합을 의미한다. 이들 양자는 하나의 새로운 지평으로 통합되고 이 새로운 지평은 또 다른 지평에 대한 계기로서 작용한다. 결국 해석은 항상 새로운 해석일 따름이다. 이에 따라 해석학적 순환에 근거하여 "보다 나은 이해"를 담보하려는 딜타이의 노력도 부인된다. "보다 나은 이해"란 없으며 항상 "또 다른 이해"만 있을 뿐이다. "우리가 이해할 때 그것은 항상 다르게 이해하는 것이다"[18]라고 가다머는 말한다. 이것이 뜻하는 바는 우리는 역사를 객관화하여 인식할 수 없다는 것이다.

이러한 사상에는 주체로서의 인간과 객체로서의 세계를 분리시켜 사유하였던 근대의 사고방식에 대한 심각한 비판이 가로놓여 있다. 주체-객체의 도식에 의거한 근대의 의식철학Bewußt-seinsphilosophie에는 세계를 인간의 이성에 복속시킴으로써 그것을 지배하려는 의지가 바탕에 깔려 있다. 여기에서 세계는 그 자체로서는 아무런 의미를 지니지 못하고 단지 도구적 연관관계 속에서만 의미를 부여받는다. 가다머의 해석학은 세계를 그러한 도구적 연관관계에서 풀어주고 그것에 참된 세계성을 되돌려 주려 한다. "세계는 서로 언어를 나누는 모든 사람들을 함께 묶어 주는 승인된 공통의 지반이다."[19] 세계는 스스로 우리에게 말을 걸어오며 우리는 그 세계의 바깥에 혹은 위에 서 있는 것이 아니라 그 세계 내에 함께 참여하고 있다. 인간의 언어는 이러한 세계 내의 참여가 드러나는 장소이다.

이렇게 하여 가다머는 그의 『진리와 방법』의 마지막 장을 존재론적으로 언어를 재조명하는 일에 바치고 있다. 가다머는 언어의 본질을 진술에서 찾고 있는 기존의 언어관에 비판을 가한다. 진술 중심적인 언어관은 언어에서 세계를 객관적으로 기술하는 수단만을 보려하는 자연과학적 사고방식의 소산이다. 이러한 사고방식의 바탕에는 주체-객체의 도식에 의거한 도구적 세계관과 언어관이 가로놓여 있다. 이에 반해 가다머는 언어의 본질을 대화에서 찾는다. 진술은 진지한 질문과 대답의 추구로 이루어지는 대화의 구조에 포괄되는 하나의 양상일 뿐이다. "모든 진술은 그것이 진술하고 있지 않은 전제를 자체 내에 지니고 있다. 우리는 이러한 전제를 함께 사유할 때만 그 진술의 참됨을 측정할 수 있다. 나는 이렇게 주장하고자 한다. 모든 진술의 동기를 이루는 궁극적인 논리적 형식은 질문이다. 진술에 대한 질문의 우월성은 진술이 본질적으로 그에 대한 대답이라는 것을 의미한다."[20]

가다머 자신이 명시적으로 인정하고 있는 것처럼 그 대부분을 하이데거의 사상에 힘입고 있는 가다머의 해석학은 언어의 대

화적 본질을 강조하는 점에서 하이데거와 갈라진다. 이를 요약
하면 가다머는 하이데거의 고독한 선구적 실존을 대화적 실존으
로 옮겨 놓고 있다고 할 수 있을 것이다. 가다머의 철학에는 말을
걸어오는 상대방에게 겸손하게 귀를 기울이는 도시적 교양이 짙
게 깔려 있다. 하버마스는 이와 관련하여 가다머의 철학은 "하이
데거적 지방성의 도시화Urbanisierung der Heideggerschen
Provinz"[21]라고 표현한 바 있다.

4. 가다머 해석학의 영향과 의의

가다머의 『진리와 방법』은 발간 즉시 세계 철학계에 커다란
반향을 불러 일으켰다. 특히 정신과학의 자기이해에 대한 가다
머의 해명은 당시 객관주의적인 자연과학적 사고에 젖어 있던
정신과학 분야들 내에서 새로운 자기성찰의 계기로 작용하였다.
특히 사회학 분야에서 해석학은 도구적으로 유용한 지식의 축적
만을 추구하고 실천적으로 중요한 통찰의 일반화는 배제하려는
당시의 기능주의적 사회학을 극복하기 위한 대안으로서 커다란
환영을 받았다. 오늘날 비판이론을 대표하고 있는 하버마스의
사회철학 역시 가다머의 해석학에서 많은 통찰을 얻었다. 그는
이에 대한 논의를 통해 그의 비판적 해석학을 발전시켰다.

물론 심각한 반론도 제기되었다. 그중 가장 중요한 비판은
주로 두 방향에서 가해졌다. 그 하나는 해석의 일반적 방법론을
추구하는 전통적 의미에서의 해석학으로부터 날아왔다. 그중 대
표적인 것으로 베티Emilio Betti의 가다머 비판을 들 수 있다.
베티의 해석학은 객관적으로 검증 가능한 올바른 해석의 방법론

을 정초하는 데 목적을 두고 있었다. 이러한 입장에서 볼 때 해석의 객관성에 대한 부정, 항상 다른 해석으로서의 해석, 진리와 방법의 대립은 전통적 해석학의 기초를 뒤흔들어 놓는 일이었다.

베티는 가다머가 옳은 해석과 그릇된 해석을 구분하게 해 주는 규범을 뒤흔들어 놓고 있을 뿐만 아니라 법학, 역사학 등 상이한 여러 분야의 다양한 해석 양태들을 단순히 하나로 묶어 사유한다고 비판하였다.[22] 이에 대해 가다머는 그의 철학적 해석학은 전문적인 분야들의 상이한 해석방법과 이론을 제시하려는 베티와는 달리 모든 방식의 이해에 근원적이고 공통적으로 내재된 존재론적 차원을 열어 보여주는 데 있다고 답변하고 있다.[23]

또 하나의 비판은 하버마스를 대표로 하는 비판철학의 방향에서 가해졌다. 전통과 권위의 긍정적 측면을 강조하는 가다머의 철학은 독일 지식인 사회에서 정치적 보수주의의 입장을 대변하는 것으로 받아들여지고 있다. 실제로 그의 전통 개념은 보수주의의 아버지라 불리는 버크Edmund Burke의 사상과 많은 유사성을 보여 주고 있으며 가다머 자신도 그의 저서의 여러 곳에서 버크를 긍정적으로 인용하고 있다. 특히 계몽주의에 대한 가다머의 비판은 계몽의 구원을 기도하는 하버마스의 입장에서 볼 때 받아들이기 어려운 것이었다. 물론 가다머는 전통과 권위의 개념을 자율적 승인의 절차를 거쳐야 하는 사회적 지평과 합의의 의미로 사용한다. 하지만 그러한 의미에서의 전통과 권위는 이미 그 참된 효력을 발휘하고 있을 것이므로 굳이 그것을 강조할 필요가 없을 것이다. 반대로 실제의 역사에서 전통과 권위는 대화적 관계로서가 아니라 항상 억압과 폭력의 모습으로 나타나며 사람들이 자율적으로 승인하지 않을 때도 그것의 효력은

가다머가 말한 것처럼 스스로 폐기되는 것이 아니라 투쟁과 유
혈의 과정을 거쳐서만 비로소 무력화된다. 하버마스는, 과거 독
일이 체험했던 도착된 경험은 전통과 역사에 대한 긍정이 부족
했던 데에서 나온 것이 아니라 그에 대한 비판이 부족했던 탓이
라고 가다머에게 이의를 제기한다.[24] 가다머와 하버마스의 논쟁
이 있었던 60년대와 70년대의 사회상황을 통해 볼 때 하버마스
의 비판은 정당성을 지닌다. 하지만 가다머가 기도하였던 것은
전통에 대한 단순한 긍정이나 그것의 복구와는 전혀 무관하다는
것을 우리는 인정해야 할 것이다. 그가 말하고자 하였던 것은 다
른 시대로서의 전통과의 대화였으며 이러한 대화는 다른 문화,
다른 전통과의 대화를 포괄한다. 그가 강조하였던 것은 자신과
다른 어떤 것의 가치를 인정하여 그에 귀기울일 줄 아는 태도였
으며 이는 다원주의와 관용의 사상을 표현하고 있다.

가다머의 철학은 태도의 진지성과 개방성, 문헌학적 치밀성,
폭넓은 문제의식 등에 있어 현대 철학계에 모범이 되고 있으며
특히 해석학을 문헌해석에 한정시키지 않고 철학적 보편성에로
이끌어 현존재, 언어, 세계 등의 철학적 근본문제에 대한 진지한
관심을 새로이 불러일으킨 것은 그의 커다란 공적이라 할 수 있
다. 인간과 세계에 대한 깊이 있는 그의 성찰은 도구적 합리성과
피상적 가치가 만연해 있는 현대 사회의 문제를 진지하게 되돌
아보게 하는 많은 단초들을 제공해 준다.

가다머의 주요 저서
• 진리와 방법 1, 이길우 외 역, 문학동네 2000.
• Gesammelte Werke, Tübingen 1997년 완간.

- Wahrheit und Methode, 3. Aufl., Tübingen 1972.
- Philosophische Lehrjahre, Frankfurt a. M. 1977.
- Heideggers Wege, Tübingen 1983.
- Das Erbe Europas, Frankfurt a. M. 1989.

가다머에 관한 주요 저서

- 최윤식 외, 하이데거에서 가다머로, 조명문화사 1992.
- 조지아 윈키, 가다머: 해석학, 전통 그리고 이성, 이한우 역, 민음사 1999. .
- 조지아 윈키, 가다머의 철학적 해석학, 사상사 1993.
- Carsten Dutt, Hans-Georg Gadamer. Eine Einführung, Heidelberg 1996.
- J. Habermas, Zu Gadamers 『Wahrheit une Methode』, in: Hermeneutik und Ideologiekritik. Mit Beiträgen von Apel, Bormann, Bubner, Gadamer, Giegel, Habermas, Frankfurt/M. 1973, S.45-56.
- J. Habermas, Urbanisierung der Heideggerschen Provinz, in: Philosophisch-politische Profile, erw. Ausgabe, Frankfurt/M. 1987, S.392-401.

해석학에 대한 저서

- 리차드 E. 팔머 『해석학이란 무엇인가』, 이한우 역. 문예출판사.
- 백승균 외,『 해석학과 현대철학』, 철학과 현실사.
- 한국해석학회, 『현대 해석학의 제 문제』, 지평문화사.
- 폴 리쾨르, 『해석 이론』, 김윤성/조현범 역, 서광사.

• O. F. 볼노오, 『인식의 해석학』, 백승균 역, 서광사.
• 해석학 연구회, 『현대철학과 해석』, 지평문화사.

| 주석 |

1. 해석학의 개염과 역사에 대해서는 리차드 팔머, 『해석학이란 무엇인가』 이한우 역, 문예출판사 1996에 잘 요약되어 있다. 그밖에 H.-G. Gadamer, Wahrheit und Methode, Tübingen 1986, S. 177-246 참조.

2. 리차드 팔머, 위의 책, 118-128쪽 참조

3. W. Dilthey, Gesammelte Schriften V, S. 172.

4. M. Heidegger: Sein und Zeit, 3. vermeh. Aufl., Tübingen 1980, S. 397ff.

5. H.-G. Gadamer: Die philosophische Lehrjahre, Frankfurt/M. 1977, S. 17ff.

6. 위의 책, 23쪽 이하

7. H.-G. Gadamer, Gesammelte Werke 2, Tübingen 1986, S. 491.

8. H.-G. Gadamer, Das Erbe Europas, Frankfurt/M. 1989, S. 168.

9. Vgl. H-G. Gadamer: Wahrheit und Methode, a. a. O. S. 171f.

10. 위의 책, 172쪽 이하 참조.

11. 위의 책, 12쪽 이하, 222쪽 이하 참조

12. M. Heidegger, a. a. O., S. 130ff.

13. Jean Grondin: Die Weisheit des Wortes. Ein Portrait H.-G. Gadamers, in: Information Philosophie 5, 1994, S. 32.

14. Vgl. Gadamer: Wahrheit und Methode, a. a. O., S. 281 ff., 387 ff.

15. 위의 책, 300쪽.

16. 위의 책, 276쪽 이하 참조.

17. 위의 책, 305쪽.

18. 위의 책, 302쪽.

19. 위의 책, 450쪽.

20. H.-G. Gadamer, Gesammelte Werke 2, a. a. O., S. 52.

21. J. Habermas: Urbanisierung der Heideggerschen Provinz, in: Philosophische-politische Profile, erw. Ausgabe, Frankfurt/M. 1987, S. 392-401.

22. Vgl. E. Betti: Die Hermeneutik als algemeine Methodik der Geisteswissenschaften, Tübingen 1962, S. 43 f.

23. Vgl. H.-G. Gadamer, Wahrheit und Methode, a. a. O. S. 3 f.

24. J. Habermas, Zu Gadamers Wahrheit und Methode, in: Hermeneutik und Ideoldgiekritik. Mit Beiträgen von Apel, Bormann, Bubner, Gadamer, Giegel, Habermas, Frankfurt/M. 1973, S. 50.

V
자연에 대한
종교적 사랑과 민주적 금욕

바이책커Carl Friedrich von Weizsäcker의
자연관과 종교관

V. 자연에 대한 종교적 사랑과 민주적 금욕
– 바이책커Carl Friedrich von Weizsäcker의 자연관과 종교관 –

1. 사상의 배경

근대 문명의 특징을 과거와 구분하여 규정하는 가장 일반적인 표현은 과학기술문명일 것이다. 서구의 근대와 더불어 시작된 과학기술문명은 인간의 생활양식 및 사고 방식에 엄청난 변혁을 가져왔다. 현대 사상계의 가장 중요한 논쟁점의 하나인 근대성 논쟁은 그러한 변혁이 가져온 공과에 대한 평가와 비판적 성찰의 의미로 이해될 수 있을 것이다. 서구의 근대는 그 출발점에서부터 이미 과학기술의 발달이 인류에게 새로운 국면을 안겨줄 것을 자각하고 있었다. 이러한 자각을 보여 주는 가장 중요한 기록으로서 우리는 17세기 프랑스에서 있었던 이른바 '신구논쟁Qerelle de ancien et de moderne'을 들 수 있을 것이다. 당대의 대표적 지식인들이 고대문화의 숭배자와 근대문화의 옹호자로 나뉘어 벌인 이 논쟁에서 당시의 지적 여론은 대부분 후자의 편에 가담하였다. 이는 과학기술의 발달이 가져다 줄 인류의 진보에 대한 당대의 깊은 확신을 반영하고 있다. 그 이래로 과학기술과 인류의 진보에 대한 낙관적 믿음은 20세기초까지 근대정신을 지배하여 왔다.

몇 세기에 걸친 이 의기양양한 행진이 처음부터 순탄하게 이루어졌던 것은 물론 아니었다. 근대와 더불어 태동한 과학정신은 세계와 자연에 대한 새로운 관점을 내포하고 있었으며 이러한 새로운 세계관은 기존의 종교적 세계관과 마찰을 일으킬 수밖에 없었다. 그 대표적인 예가 근대 과학의 아버지로 불리는 갈릴레오 갈릴레이의 경우다. 당시 서구의 정신적, 사회적 질서는 성서에 대한 믿음에 기초하고 있었다. 성서해석을 궁극적으로 관장하는 카톨릭교회는 갈릴레이의 지동설을 기존의 종교적 세계관에 대한 근본적 도전으로 간주하여 그를 종교재판에 회부하였고 갈릴레이는 교회권력에 굴복하여 자신의 주장을 공개적으로 철회할 수밖에 없었다. 이 사건은 신앙과 권위에 기초한 종교적 진리관과 실험관찰 및 합리적 이성에 근거한 과학적 진리관 사이의 근본적 갈등을 극명하게 드러내 보여 주고 있다. 갈릴레이 이후로도 근대 자연과학은 기존의 사회적 가치와 많은 마찰을 겪으며 발전해왔다. 가치중립적 입장에서 순수하게 객관적 사실만을 탐구한다는 근대의 과학관은 기존 가치 영역과의 갈등을 피하고 연구의 자유를 지켜내려는 의도에서 고안된 것이었다. 다시 말해 근대 이래의 가치중립적 과학관은 서구가 처해있던 역사적 상황의 산물이라는 것이다. 이러한 과학관을 통해 담보해 낸 연구의 자유는 자연과학의 탁월한 성과들을 가능하게 하였고 이에 따라 자연과학적 세계관은 과거의 종교적 세계관을 점차로 대체하여 인간의 사고방식을 지배하기에 이르렀다.

서구 역사의 특수한 산물이라 할 수 있는 근대의 과학관은 자연과학적 사고방식이 승리하여 문명을 지배하고 있는 오늘날에는 본래의 진실을 은폐하는 위험성을 지니게 되었다. 과학적 활동의 가치중립성에 대한 믿음은 과학자의 사회적, 윤리적 책임에 면죄부를 제공하였고 과학적 지식의 순수한 객관성에 대한 주장은 인간과 세계의 본래적 의미를 망각하게 하는 결과를 가져왔다. 오직 주어진 객관적 사실만을 탐구한다고 하는 근대의 실증주의는 이러한 근대 과학주의의 단적인 표현이라고 할 수 있다. 실증주의Positivismus라는 용어 자체가 놓여 있는 것, 주어진 것을 뜻하는 라틴어 'positivus' 에서 나온 것이다.

하지만 과학은 그 출발점에서부터 가치중립적이거나 순수하게 객관적인 것은 결코 아니었다. 근대 과학정신을 대표하는 사상가들은 이미 과학이 가치에 대한 관심과 결부되어 있다는 사실과 그 관심의 주관적 성격을 이해하고 있었다. 프란시스 베이컨이 지식이 곧 힘이라고 말했을 때, 그리고 르네 데카르트가 보다 분명하게 과학이 우리를 자연의 지배자이자 소유자로 만들어줄 것이라고 말했을 때 그들은 이미 근대 과학의 지식에의 의지가 가치중립적인 것이 아니라 자연과 세계에 대한 지배와 권력에의 의지의 표현임을 드러내 보여 주었던 것이다. 물론 그들은 아직 과학적 지식이 가져다 줄 결과에 대해 낙관적이었다. 그러나 핵무기와 환경 파괴의 시대에 살고 있는 오늘날의 우리들은 과거의 낙관적 전망에 더 이상 순순히 동의할 수 없게 되었다. 과학기술이 가져다준 물질적 풍요에도 불구하고 현대 세계가 새로이 짊어지게 된 많은 문제점들은 근대 과학주의의 한계에 대한 근본적 반성을 불러일으켰다. 이에 따르면 현대 과학기술문명이 안고 있는 심각한 문제들은 무엇보다도 인간이 정신과 자연세계를 분리되고 대립되어 있는 것으로 파악하여 자연을 객관적 대상으로만 취급한 데에서 기인하는 것이라고 한다.

근대는 인간과 자연을 하나로 생각하지 않고 서로 다른 것으로서 파악하였다. 이러한 사고 방식은 이미 데카르트의 이원론에서 근본적으로 표현되고 있다. 그는 세계가 영혼과 물질이라는 두 실체로 이루어져 있다고 주장하고 동식물을 포함하는 모든 자연계를 물리적 법칙에 종속된 단순한 물질로 간주하였다. 추론하는 인간의 능력, 즉 이성은 그러한 자연 법칙을 파악함으로써 자연계의 대상을 이용 가능하게 만든다. 이러한 사고방식에는 자연을 단지 지배의 대상으로만 생각하는 도구적 사고방식이 바탕에 깔려 있다. 근대과학은 물질과 운동이라는 개념을 통해 자연대상을 분해하고 분석하여 이를 다시 추상적 법칙에 종속시키는 방식으로 자연을 인식한다. 수학은 이러한 인식을 표현해 내는 언어이다. 즉, 자연은 이제 추상적 기호와 계산으로 환원될 수 있는 죽은 대상으로 나타나게 되는 것이다. 이성을 세계의 척도로 내세우고 있는 근대 합리주의는 이러한 세계관의 철학적 표현이라 할 수 있다. 합리주의의 득세는 결국 종교적 권위 대신에 수학적 이성의 권위가 모든 판단의 척도로서 독재를 행하게 된 것을 뜻한다. 이러한 이성의 독재에 잠재된 위험성은 이미 데카르트의 신봉자들이 행한 잔인한 실험에서 나타난 바 있다. 데카르트는 인간에게만 영혼의 존재를 인정하여 동물들의 모든 움직임을 단지 물리적 현상일 뿐이라고 주장하였다. 데카르트의 신봉자들은 이러한 논리에 근거하여 개를 산 채로 솥에 넣고 삶는 '실험'을 행하였다. 동물들에게 영혼이 없다는 데카르트의 추론에 따라 그들은 개의 고통스러운 울부짖음과 단말마의 발작을 고통의 표현으로 인정하지 않고 단지 물리적 현상으로만 간주하였다. 그러한 실험 앞에서 태연자약할 수 있어야 참된 데카르트주의자가 될 수 있다고 그들은 믿었다. 이러한 맹목적 합리주의의 광기로부터 20세기의 홀로코스트의 광기까지의 거리는 그리 멀지 않을 수도 있다.

　이원론적 세계관은 칸트의 선험철학에 있어서도 본질적인 구조를 이루고 있다. 그의 철학은 세계를 인간의 자유의지에 근거한 실천이성의 세계와 물리적 법칙에 종속된 자연계로 분리시켜 놓고 있다. 이에 따라 이중의 분열과 소외가 이루어진다. 즉 인간과 자연이 서로 분열되어 이 양자는 서로를 낯선 타자로서 바라보게 된다. 결국 근대정신의 분열과 소외는 자연을 도구화하여 지배하려는 근대의 물리학적 세계관이 치루어야 할 대가라고 할 수 있을 것이다. 자연과학의 가치중립성과 객관성에 대한 주장에는 이처럼 자연을 단순히 도구적 대상으로만 바라보는 지배에의 의지가 감추어져 있다. 이러한 사고방식은 자연의 일부로서의 인간의 책임과 위치를 망각하게 만들었다. 현대인의 자기소외, 핵무기와 환경파괴의 위협 등 현대의 제문제는 그러한 인간의 자기망각의 결과라고 할 수 있을 것이다.

　니체와 하이데거를 거쳐 탈구조주의로 이어지는 이성 비판은 무엇보다도 그러한 이성중심주의적 인간관과 그에 의거한 물리적 자연관의 한계에 대한 성찰로 이해될 수 있을 것이다. 이러한 한계의 극복 가능성을 니체와 하이데거는 소크라테스 이전의 고대 철학에서 찾으려 한 바 있다. 이들은 고대철학의 세계관에서 인간과 자연, 이성과 감성이 분열되어 있지 않은 원형적 사유

를 발견하려 하였다. 이들은 철학의 출발점을 종교와 예술에 두
고 있으며 이에 따라 이들의 철학은 오늘날 근대 이래의 합리주
의적 철학 전통과 대립되는 비합리주의 철학이라는 이름으로 분
류되고 있다.

　하지만 근대적 세계관의 한계에 대한 반성과 고대적 세계관
에 대한 깊은 관심은 오늘날 자연과학자들 자신에 의해서도 진
지하게 추구되고 있다. 이들은 과학자로서의 개인적, 사회적 체
험을 통해 근대의 물리적 자연관의 문제점을 절감하고 고대의
유기적 자연관을 회복함으로써 그러한 문제들을 해결하려 한다.
이러한 사상적 입장을 대표하는 독일 철학자로서 칼 프리드리히
폰 바이책커를 들 수 있다. 20대에 이미 독일의 대표적인 핵물
리학자였던 바이책커는 그후 철학자의 길을 거쳐 마지막에는 종
교사상가로 나아갔다. 그의 이러한 노정은 결코 입장의 변화가
아니라 일관된 사상적 발전의 결과였다. 그에게 있어 과학과 철
학과 종교는 그 근원에 있어 하나였다.

2. 바이책커의 사상적 노정

　자연을 가리키는 고대 희랍어 physis는 원래 생산, 성장 등을
뜻했다. 즉 고대 희랍인들은 자연을 스스로 생산하고 성장하는
생성의 원리로 파악하였던 것이다. 스피노자는 자연을, 생성하
는 능동적 힘으로서의 자연(능산적 자연: natura naturans)과 그
힘에 의해 생성된 것으로서의 자연(소산적 자연: natura
naturata)으로 나누어 표현한 바 있다. 그리고 이 둘은 본래 하나
라고 하였다. 물리학physics의 어원인 고대 희랍어 'physis'에는

스스로 생성하는 힘으로서의 자연의 의미가 살아있었던 것이다. 하지만 근대 물리학에서 스스로 생성하는 힘으로서의 자연의 의미는 낯선 것이 되고 말았다. 물리학은 분석 가능한 물질과 수학적 법칙에 의해 기술될 수 있는 운동만을 알려고 한다. 즉, 근대의 물리학적 자연관은 능산적 자연을 망각하고 소산적 자연만을 지식의 대상으로 삼고 있다는 것이다. 본래적 자연에 대한 망각은 동시에 자연적 존재로서의 인간의 자기망각을 의미한다. 다시말해 존재계 전체를 단지 도구적 조작의 대상으로 간주하는 사고방식은 인간으로 하여금 자신을 포함한 모든 존재의 살아있는 '의미'를 망각하게 만든다.

고대 희랍인들은 존재계를 다른 식으로 이해하고 있었다. 우주, 즉 존재계 전체를 뜻하는 고대 희랍어 'kosmos'는 존재하는 모든 것들의 조화로운 통일을 의미했다. 즉, 우주는 개별적 존재가 각각 독자적인 소리를 내면서도 이들 전체가 함께 모여 하나의 화음을 이루어 내는 교향곡과 같은 것으로 이해되었던 것이다. 그러나 근대의 물리학적 자연관에 있어 개별적 존재는 추상적 법칙에 종속되어 항상 대체가능한 단순한 조작의 대상일 뿐이다. 이러한 근대 물리학의 사고방식을 바이첵커는 "사랑이 결여된 인식에의 시도"[1]라고 정의한 바 있다. 바이첵커의 철학은 근대의 분열적 세계관의 한계를 극복하고 고대의 합일적 세계관을 회복하려는 노력으로 평가될 수 있다.

칼 프리드리히 폰 바이첵커는 1921년 6월 8일 자유주의적인 신교파의 명문가에서 태어났다. 그의 할아버지는 뷔르템베르크주의 수상을 지냈으며 그의 아버지는 독일 제국의 최고위급 외교관이었다. 어린 시절부터 그에게 가장 커다란 영향을 미쳤던 그의 삼촌 빅토르는 신경의학자이자 정신 신체의학의 창시자였다. 바이첵커는 후에 그의 삼촌을 자신의 "정신적 아버지"라고 부른 바 있다. 우리나라를 여러 차례 방문한 바 있는 독일의 전 대통령 리하르트 폰 바이첵커는 그의 친동생이다. 킬에서 태어난 그는 바젤, 코펜하겐, 베를린 등지에서 유년기와 청소년기를 보냈다. 열네살 때 20세기의 가장 위대한 물리학자의 하나인 하이젠베르크Werner Heisenberg와 만난 일은 그의 운명을 결정짓는 사건이 되었다. 그는 하이젠베르크의 권고에 따라 물리학을 공부하기로 결심했다. 그는 1933년 하이젠베르크의 지도하에 라이프찌히 대학에서 박사학위를 취득하였고 3년후에는 교수자격 논문이 통과되었다. 하이젠베르크의 영향에 따라 그는 학문적 중점을 핵물리학, 특히 양자역학에 두었다. "베테-바이첵커 공식", 에너지의 원천으로서의 탄소 사이클의 발견, 행성생성이론 등의 학문적 업적을 통하여 학계에서 명성을 얻은 그는 1942년 슈트라스부르크 대학의 이론물리학 교수로 취임하였다.

하지만 그의 본질적 관심은 물리학보다는 철학적인 것에 놓여 있었다. 철학적 관심에서 물리학을 공부하기에 이른 경위에 대해 그는 다음과 같은 흥미있는 고백을 하고 있다. "나는 원래 열 살 때부터 천문학자가 되고 싶었습니다. 열 네 살 때 어떤 대중잡지에서 원자가 행성계의 구조를 지니고 있다는 기사를 읽게 되었습니다. 내가 행성 위에 살고 있는데 원자가 행성계의 구조를 가지고 있다는 것은 얼마나 기묘한 일인가라고 나는 생각했지요. 이 전자들 위에도 아주 작은 인간들이 살고 있고 이 인간들은 또다시 원자로 이루어져 있는 것은 아닐까? 그리고 이 원자 위에는 더 작은 인간들이 살고 있는 것은 아닐까? … 그 얼마

후 나는 원자의 법칙을 발견한 하이젠베르크를 알게 되었지요.
그러니까 그것은 원래 어린아이같은 호기심이었지요. 그리고 바
로 그렇기 때문에 철학이기도 하구요."²⁾ 바이책커의 이러한 흥
미로운 고백은 세계에 대한 경이감이 인간으로 하여금 철학을
하게 만든다는 아리스토텔레스의 지적을 상기시켜 준다.

　양자역학은 원래 다분히 철학적 성격을 지닌 물리학 분야이
다. 양자역학에 대한 관심은 세계의 본질적 구성원리를 이해하
려는 인간의 본래적 관심과 깊이 연관되어 있다. 또한 양자역학
은 원자라고 하는 극히 미시적인 세계를 다루고 있음으로 인해
거기에서의 이론은 사실의 확인이라기보다는 가설적인 성격을
지닐 수밖에 없다. 이에 따라 양자이론은 자연히 인식론적 자기
성찰을 동반하게 된다. 하지만 양자이론이 불러일으키는 철학적
관심은 무엇보다도 그 핵심이론인 불확정성원리의 혁명적 성격
에 기인한다. 불확정성 원리는 전자의 질점의 위치와 운동량을
동시에 정확히 규정하는 것이 불가능하다는 것으로 요약된다.
전자의 운동을 측정하기 위해 빛을 가하면 그 빛이 운동에 영향
을 미쳐 그 상태를 정확히 측정할 수 없게 된다는 것이 불확정성
원리의 핵심이다. 이 이론이 옳다면 고전 물리학의 기반이 전복
되어 근대적 자연관의 존립자체가 의심스러워질 수밖에 없다.
고전물리학은 그 대상의 동질성과 연속성, 사실의 객관성, 법칙
의 필연성 등을 전제로 한 자연인식이었다. 그런데 모든 물질의
기본구성 단위인 원자의 상태를 확정할 수 없다면, 분명히 규정
할 수 있는 동질적이고 연속적인 대상은 엄밀한 의미에서 더 이
상 존재할 수 없게 되고 만다. 그리고 관찰하는 인간의 실험행위
자체가 실험되는 사실에 미치는 영향을 완전히 배제할 수 없다

면 진정한 의미에서의 객관성에 대한 주장도 성립될 수 없게 된다. 이러한 불확정성의 원리에 따르면 법칙의 필연성은 이제 단지 개연적 가능성에 불과하게 되고 만다.[3]

바이책커는 양자이론에 함축된 철학적 의미를 "자연의 통일성"이라는 말로 요약하고 있다. 이것은 1971년에 발표된 그의 주저의 제목이기도 하다. 『자연의 통일성』에서 바이책커는 이 세계 내의 모든 존재, 유기체들과 우리들 인간 자신도 동일한 원소로 이루어져 있다고 말한다. 물리학은 이러한 원소들의 법칙을 기술하는 통일학문이다. 물론 여기에서의 물리학은 기존의 고전물리학이 아니라 현대의 양자이론을 뜻한다. 양자이론에서의 세계는 더 이상 확정된 사실로서의 세계가 아니라 미래를 향한 불확정적 생성의 세계이다. 양자이론은 기존의 존재론적, 인식론적 범주를 포기할 것을 요구한다. 이러한 포기는 동시에 겸양에의 요구이기도 하다. 바이책커는 자연에 대한 인간의 겸양 그리고 자연과 인간에 대한 자연과학의 겸양을 다음과 같이 적절하게 표현하고 있다. "자연은 인간보다 더 오래· 되었고 인간은 자연과학보다 더 오래되었다."

사물에 대한 인간의 영향을 함께 사유하는 양자이론은 주관과 객관의 대립적 도식도 넘어서게 만든다. 이와 더불어 세계에 대한 인간의 관계도 변화를 겪게 된다. 즉 인간은 자연의 위에 혹은 자연과 별개로 존재하는 것이 아니라 자연과 함께 존재하는 것으로 이해되어야 한다. 이에 따라 『자연의 통일성』에서 바이책커는 통일성의 궁극적 범주로서 자연과 인간의 통일성을 제시한다. 이 말은 인간은 오직 인간을 넘어서서 존재하는 자연과의 관계를 통해서만 이해될 수 있다는 것을 뜻하며, 이와 동시에 모든 자연에 대한 이해 역시 이해하는 자연적 존재로서의 인간을 전제로 할 수밖에 없다는 것을 의미한다. 인간은 자신보다 오래 된 자연을 결코 지배할 수 없으며 자연적 존재로서의 자기자신을 발견하고 이해하기 위해 자연을 사랑해야만 한다. 이렇게 하여 바이첵커는 양자이론이 지니는 함의에서 physis로서의 자연관과 kosmos로서의 세계관을 새로이 회복해 내려한다. 바이첵커는 자연의 통일성이라고 하는 현대 물리학의 철학적 근본 문제는 소크라테스 이전 철학의 기본 명제, 특히 파르메니데스가 이야기하였던 "만물은 하나"라고 하는 명제에 새로이 도달하게 되는 것이 아닐까라고 하는 물음을 스스로에게 제기한다.

3. 과학자의 윤리적 책임

20세기가 겪은 가장 충격적인 체험 중의 하나는 엄청난 파괴력을 지닌 핵무기의 출현일 것이다. 갈릴레이 이래로 자연을 도구화하여 지배하는 일에만 매진하여 왔던 과학기술문명이 결국 손에 쥐게 된 것은 스스로를 완전히 파멸시킬 수 있는 가공할 무기였던 것이다. 인류사회 전체에 커다란 파장을 불러일으킨 이 사건은 지식인들로 하여금 과학기술문명에 대해 근본적으로 재성찰하게끔 하는 계기가 되었다. 이 사건으로 인해 가장 커다란 문제의식에 부딪히게 된 지식인 집단은 누구보다도 과학자들 자신, 특히 핵물리학자들이었다. 히로시마와 나가사끼에 투하된 두 발의 원자폭탄은 두 도시와 더불어 과학의 가치중립성에 대한 믿음도 근본적으로 파괴해 버렸다. 과학자 역시도 인류사회의 일원으로서 그들의 연구에 대해 정치적, 사회적 책임을 질 수밖에 없다는 사실이 명백하게 된 것이다.

당대의 대표적인 핵물리학자였던 바이책커 역시도 핵무기의 개발에 직 · 간접적인 관계를 맺은 바 있는데 이 체험은 그의 삶과 사상에 심각한 영향을 미쳤다. 2차 대전중에 그는 독일 〈우라늄 협회〉의 일원으로서 핵분열 및 연쇄반응의 기술적, 군사적 이용 가능성을 평가하는 일에 참가하였다. 이 계획 자체는 결국 포기되고 말았지만 이 사건은 로버트 오펜하이머와 에드워드 텔러의 맨하탄 계획을 촉진하는데 간접적인 영향을 미쳤다. 실제로 독일의 원폭개발 가능성을 언급한 미국의 보고서에는 독일이 핵분열과 관련된 이론적 능력을 지니고 있다는 증거로서 바이책커의 이름이 거론되어 있다. 이로 인해 2차 대전 후 그는 다른 물리학자들과 함께 영국의 수용소에 감금되어 연합군 측의 심문을 받게 된다. 이런 체험의 결과로 과학자의 사회적, 정치적 책임을 통감하게 된 바이책커는 50년대에 세계 평화운동에 적극적으로 참여하였다.

"핵무기의 시대에 정치에 참여하는 것은 물리학자의 고통스러운 의무"[4]라는 것이 그가 도달하게 된 신념이었다. 그는 오토 한, 베르너 하이젠베르크 등과 함께 평화의 이름으로 모든 핵무장을 반대하고 전쟁이라는 제도의 폐지를 촉구하는 〈괴팅엔 선언〉을 주도하였다. 핵무기에 의한 인류 절멸의 위협 앞에서 세계평화는 오늘날 인류의 가장 중대한 과제이며 이를 위해서는 새로운 세계질서가 절실히 요망된다고 그는 그의 저서 『인간의 정원』에서 촉구하고 있다. 그러한 새로운 세계질서는 패권 정책의 포기와 권력의 제한에 의해 비로소 가능하다고 그는 역설하고 이를 위해 인류의 의식의 변화를 강조하였다.[5]

평화가 정치의 문제만은 아니라는 것을 그는 잘 인식하고 있었다. 이에 따라 그는 인간들 모두의 윤리적 책임을 강조한다. 가치중립적인 공간은 존재하지 않으며 인간은 그의 의지와 상관없이 세계의 모든 일에 궁극적인 책임을 지고 있다는 것이 그가 도달한 신념이었다. 이에 따라 그는 가능한 한 적극적으로 사회운동에 가담하였다. 그는 특히 과학은 자신이 만들어 낸 결과에 책임을 져야 한다는 것을 거듭 강조하였다.

70년대 이래로 바이책커는 세계에 대한 인간의 윤리적 책임을 정치적 차원에서 환경의 차원으로 확장시켜 환경운동에 적극 가담하여왔다. 1969년에 그는 〈기술과학 세계의 생활 조건 탐구를 위한 슈타른베르거 막스 플랑크 연구소〉를 설립하여 위르겐 하버마스와 공동책임자로 활동하면서 환경과 에너지 문제 및 제 3세계 기아 문제의 심각성을 환기시켰다. 그는 제 3세계의 빈곤, 군비경쟁, 기술발전에 의한 환경파괴 등을 인류의 미래에 대한 근본적 위협으로 제시하고 이러한 위협은 다름 아닌 과학의 성과 자체에 의해 초래된 것이라고 지적하였다. 현대의 문제들은 근대문화의 필연적 귀결로서 나타난 것이며 인류가 오늘날 직면한 역사상 가장 심각한 위기는 다름아닌 근대적 진보의 논리 자체라고 그는 진단했다.

바이책커에 따르면 근대문화는 욕망하고 그 욕망을 성취하기 위해 계산하는 기획의 반복, 의지와 오성의 끊임없는 상호관계에 기반하고 있다. 이러한 한계를 모르는 지배에의 의지를 바이책커는 "거인주의Titanismus"[6]라고 부른다. 하지만 이러한 지배에의 의지는 단지 인간을 지배욕의 노예로 만들 뿐이며 이에 기반한 문화가 도달하는 곳은 결국 자기파멸이다. 그 대안으로서 바이책커는 금욕의 문화를 제창한다. 금욕의 문화는 끊임없는 권력에의 의지를 억제할 줄 아는 문화, 절제와 겸양을 아는 문화이다. 의식의 변화를 통해 그 사회가 절제의 필요성을 공감하고 합의해 낼 수 있을 때만 인간은 자기파멸의 위기에서 벗어나 구원의 가능성에 도달할 수 있다고 바이책커는 역설한다. 이러한 성숙된 사회의식을 바이책커는 "민주적 금욕"[7]이라고 부르고 있다. 민주적 금욕은 욕망을 사랑으로 대치하는 것을 의미한다. 욕망은 한계를 모르지만 사랑은 자체 내에 이미 억제와 헌신을 담고 있기 때문이다. 이렇게 하여 바이책커의 윤리학은 종교적인 것에로 나아간다.

4. 종교적 과학관

근대의 윤리학은 구속력있는 행위의 준칙을 마련하려는 규범윤리학의 성격을 지니고 있었다. 이러한 근대 규범윤리학의 본질적 모습은 칸트의 윤리학에서 명백하게 드러난다. 칸트 윤리학의 언어는 과학의 언어와 마찬가지로 명제의 형태로 되어있다. 칸트의 도덕법칙은 과학적 법칙과 마찬가지로 개별적 관계의 특수성과 예외를 허용하지 않는다. 이 점에서 근대의 윤리학은 엄격한 객관성과 추상적 보편성을 추구하는 근대과학의 정신과 밀접한 혈연관계를 맺고 있다. 칸트 윤리학의 핵심을 이루고 있는 정언명법은 절대적 복종을 요구하는 엄격한 명령의 형태로 나타난다. 이는 칸트의 윤리학이 데카르트 이래의 이원론적 세계관과 인간관에 기초하고 있는 데에서 비롯된다. 칸트는 인간을 자연과학의 법칙에 종속되어 있는 육체적, 자연적 존재

와 자유의지를 지닌 정신적 존재의 이원론적 대립으로 파악하고
있었다. 칸트 윤리학의 근본요구는 인간 속의 자연을 가차없이
부정하고 복종시켜 도덕법칙의 보편적이고 필연적인 명령에 따
르라는 것으로 요약된다. 결국 칸트의 윤리학은 자연을 단지 지
배와 복종의 대상으로만 봄으로써 인간과 자연을 분열시키고 소
외시키는 근대적 자연관의 연장선상에 놓여 있는 것이다.

바이책커의 사랑의 윤리학은 윤리학을 보다 근원적인 토대
위에서 사유함으로써 근대 규범윤리학의 한계를 극복하려는 시
도로서 이해할 수 있다. 사랑은 지배와 복종이 아닌 이해와 결합
의 원리이며 과학을 넘어서는 종교의 원리이다. 종교의 어원인
religio에는 원래 '결합'의 의미가 함께 들어 있다. 즉, 본래적
의미에 있어서의 종교는 인간과 신, 인간과 세계, 인간과 자연을
서로 연결시켜 주는 일인 것이다. 바이책커는 종교를 맹목적 신
앙이나 학문적 신학, 제식과 제도로서가 아니라 보다 근원적인
것에 스스로가 연결되어 있다고 느끼는 내적 태도로 이해한다.
윤리학의 어원인 ethos는 원래 세계에 대한 인간의 내적 태도를
의미한다. 따라서 참된 윤리학은 항상 종교적인 것일 수밖에 없
다고 바이책커는 말한다.

이러한 의미에서의 종교가 현존하는 제도로서의 실정종교를
의미하지 않는다는 것은 명백하다. 바이책커는 자신만이 옳다고
주장하는 모든 종교적 근본주의를 단호히 거부한다. 문화적 제
도로서의 종교는 역사성과 상대성을 지니는 전승에 근거를 두고
있기 때문이다. "내가 우연히 루터파 교도로 태어났다는 사실이
카톨릭이 오류라는 주장의 근거가 될 수는 없다. 내가 유럽에서
태어난 기독교도라는 사실이 기독교가 불교나 힌두교보다 더 옳

다는 것을 말해 주는 것은 결코 아니다"[8]라고 그는 말한 바 있다. 하지만 이러한 입장이 바이쩨커로 하여금 실정종교를 근본적으로 거부하도록 만들지는 않는다. 인간은 태어난 문화권 속에서 성장하고 살아갈 수밖에 없으며 인간의 생활은 문화적 상대성 속에서만 가능하기 때문이다. 다시 말해 문화는 인간을 구속하는 것인 동시에 열려진 가능성이기도 하다는 것이다. 바이쩨커는 유럽문화권에서 태어난 서구인들이 인간의 종교성을 체험하고 이해하는 방식으로서, 또한 오늘날 요구되는 윤리적 혁신을 실현하는 정신적 중심으로서 기독교가 지니는 중요한 의미를 인정한다. 이에 따라 바이쩨커는 교회와 그밖의 여러 곳에서 행한 강연에서 기독교의 정신적 전통을 살려낼 것을 거듭 역설하였다. 하지만 그는 동시에 이 전통이 다른 많은 길들 중의 하나에 불과하다는 것을 강조하는 것도 결코 잊지 않고 있다.

기독교적 윤리의 핵심은 사랑에 있다. 사랑이란 다른 사람들, 나아가서 모든 존재에게서 그 독자적 존재성을 인정하고, 존재들의 상호관계를 죽음이 아닌 삶에로 이르게 하는 것이다. 이는 기독교뿐만 아니라 모든 위대한 세계종교들이 공유하는 가르침이다. 바이쩨커는 이러한 사랑의 관계 위에 근거를 두고 있는 새로운 자연관, 새로운 자연과학관의 가능성을 제시한다. 이때 자연은 순수한 인과성의 법칙에 종속된 수동적인 지배의 대상이 아니라 능동적으로 인간의 본질을 일깨워 주는 경외와 헌신의 대상이 되며, 자연과학은 우리들 인간보다 앞서 존재하는 자연에 대한 "예배Gottesdienst"[9]가 된다.

이렇게 하여 과학과 윤리학 그리고 종교는 근원적으로 하나가 되며 이는 자연과 인간의 본질이 하나임을 의미한다. 이러한

인식태도를 바이책커는 "전체에 대한 지각"이라고 명명하고 세
계의 분리와 그 분리된 것의 추상적 재구성으로 이루어지는 근
대의 분석적 인식태도와 구분한다. 이러한 전체에 대한 지각은
서구적 사상전통의 근간을 이루는 개념분석을 통해서는 도달될
수 없다. 개별적 대상이 아닌 전체로서의 존재는 방법론적이고
분석적인 인식방식에 의해서 파악되는 것이 아니라 합일의 체험
에 의해 개시되고 지각될 수 있을 뿐이다. 전체로서의 존재는 또
한 인간의 조작에 의해 제어되거나 통제될 수도 없다. 전체에 대
한 지각에 이르기 위해 우리는 그 전체에 함께 "참여Teilhabe"하
여야 하며 이러한 참여는 평정하고 순수한 사유상태 즉 "명상
Meditation"을 통해 비로소 가능하게 된다.[10] 여기에서 우리는
바이책커가 동양적 사유전통에 매우 가까이 서 있다는 것을 그
리 어렵지 않게 확인할 수 있다. 바이책커 자신도 서구보다는 동
양정신에서 훨씬 더 커다란 친화성을 느낀다고 스스로 고백한
바 있다.

　실제로 바이책커는 1969년 독일의 개발도상국 봉사단의 일
원으로 인도에서 활동하면서 인도적 명상을 배우고 체험하였다.
명상을 통한 합일의 체험에서 그는 전체로서의 세계에 함께 참
여하는 사유의 가능성과 서구적 사유의 한계를 극복할 수 있는
가능성을 발견하였다. 서구의 분석적 사유와 동양의 명상적 사
유의 차이를 바이책커는 다음과 같이 분명히 구분하고 있다.
"개념을 통해 현실을 작은 단위로 나누고 그 나누어진 것을 다
시 종합하는 것이 모든 과학적 방법의 바탕이 되고 있다고 나는
생각한다. 반면에 우리가 '명상'이라고 부르는 내적 도야는 근
본적으로 다른 태도를 보여준다. 이 사유태도는 나누고 다시 종

합하는 것이 아니라 나누어지지 않은 것을 그 자체로서 받아들이는 것에서 시작한다."[11]

세계에 대한 이러한 종교적 태도를 통해서만 서구정신의 한계와 그에 따른 문명의 몰락을 극복할 수 있다고 바이책커는 역설한다. 이 점에서 바이책커의 사상은 후기 하이데거의 사상과 밀접한 유사성을 보여준다. 하이데거는 1976년 슈피겔지의 발행인 루돌프 아우그슈타인과의 인터뷰에서 현대 과학 기술 문명이 파멸을 향해 스스로 달려가고 있다고 진단하고 오직 신적인 것만이 우리를 구원할 수 있다고 이야기한 바 있다. 바이책커 역시 종교적인 것만이 과학기술문명의 병폐를 치유할 수 있는 근원적인 전망을 열어 보여 줄 수 있다고 말한다. 또한 존재의 소리에 귀 기울임으로써 존재에 함께 참여하려 한 하이데거의 철학은 존재에 대한 사랑을 통해 전체에의 동참과 합일을 추구한 바이책커의 사상과 근원적으로 일맥상통한다. 또한 동양적 사유 전통에서 자신의 사유와의 근본적 친화성을 발견한 바이책커와 마찬가지로 후기의 하이데거 역시 동양정신에 깊은 관심과 공감을 보인바 있다. 과학과 신학이라는 전혀 다른 지점에서 출발한 두 철학자의 사상이 결국 동일한 정신적 지평에 도달하고 있으며 그것이 동양 정신의 전통과 맞닿고 있다는 것은 우리에게 많은 것을 시사해 준다.

5. 바이책커 사상의 영향과 의의

핵물리학이라는 현대과학의 핵심분야에서 출발하여 과학기술문명의 한계와 모순을 절감하고 철학과 종교적 정신을 통해 그러한 모순을 비판하고 극복하려 한 바이책커의 사상은 현대 서구의 정신적, 역사적 상황을 그 중심으로부터 해부하여 드러 내 보여준다. 바이책커의 철학, 특히 그의 새로운 자연관과 이에 의거한 환경문제에 대한 경고는 70년대 이래로 독일 사회에 커 다란 영향을 미치고 있다. 실제로 현재 독일 연정정부에 참여하 고 있는 녹색당의 근본 정책은 바이책커의 "민주적 금욕"사상에 그 바탕을 두고 있다.

과학과 철학과 종교의 합일, 인간과 자연의 합일을 모색하고 있는 그의 사상은 근대 서구문명에 대한 근본적 비판인 동시에 문명의 새로운 전망을 추구하려는 정신적 노력으로 평가될 수 있을 것이다. 무엇보다도 그가 이러한 모색을 통해 궁극적으로 도달한 곳이 동양적 사상전통과 서로 맞닿고 있다는 사실은 전 통을 포기하고 서구화에 매진해온 우리 사회에 많은 문제의식과 시사점을 던져준다.

하지만 여기에서 동양정신이 서구정신보다 우월하다는 식의 단세포적 자부심과 피상적 결론을 이끌어 내는 것은 금물이다. 여기에서의 동양은 지리적 지점이 아니라 정신적 지점이며 정신 은 단순히 지리적 태생에 의해 획득될 수 있는 것이 아니기 때문 이다. 실제로 오늘날 정신적 지점으로서의 동양은 우리 사회의 대부분의 사람들에게 매우 낯선 것이 현실이다. 더구나 바이책 커의 사상은 동양에서 수입해 간 것이 아니라 서구의 지성이 자 신의 문명에 대한 근본적 자기성찰을 통해 스스로 도달한 결과 이다. 따라서 그의 사상은 서구정신이 기존의 한계를 자각하고 한 단계 더 성숙해 가는 모습으로 이해되어야 할 것이다. 실제로 그의 사상이 독일 사회에 폭넓게 수용되고 그의 "민주적 금욕"

이 부분적이나마 정책적으로 구현되고 있다는 것은 그 사회의 시민적 성숙도를 보여 준다.

과학기술문명은 이제 우리에게도 숙명이 되었다. 바이책커 사상의 핵심은 그러한 숙명이 가져 올 위기에 대한 자각과 경고에 있다고 할 수 있을 것이다. 산업화에만 치중된 근대화의 결과로 물질만능주의적인 사고방식과 환경파괴의 폐해를 서구보다 오히려 훨씬 심각하게 겪고있는 오늘날의 우리 사회에도 광범위한 자각이 절실히 요구된다. 바이책커의 철학은 그러한 문제를 문명 비판이라는 근원적인 차원에서 사유하도록 문제의식의 지평을 열어주고 있다. 이 문제의식의 핵심을 바이책커는 "의식의 성숙이 따르지 않는 진보는 파국"이라는 말로 요약한 바 있다. 이러한 성숙을 위해 가장 요구되는 것은 다시금 우리의 '자각'이다. 그리고 자각은 문자 그대로 남에게서 배울 수 없으며 스스로 깨달을 수 있을 뿐이다.

바이책커의 주요저서

• Die Einheit der Natur, München, 1971.
• Der Garten des Menschlichen. Beiträge zur geschichtlichen Anthropologie, München 1977.
• Aufbau der Physik, München 1985.
• Bewußtseinswandel, München 1988.
• Gopi Krishna, Die biologische Basis der religiösen Erfahrung, Frankfurt a. M. 1988.
• Der Mensch in seiner Geschichte, München 1991.
• Zeit und Wissen, München 1992.

바이책커에 관한 주요저서

• Thomas Görnitz, Carl Friedrich von Weizsäcker, Freiburg 1992.

• Michael Drieschner, Carl Friedrich von Weizsäcke zur Einführung, Hamburg 1992.

| 주석 |

1. Carl Friedrich von Weizsäcker, Bewußtseinswandel, München 1988, S. 339.

2. Ingeborg Breuer u. a., Gespräch mit Carl Friedrich von Weizsäcker, in: Welten im Kopf, Hamburg 1996, S. 229.

3. Vgl. Carl Friedrich von Weizsäcker, Aufbau der Physik, München 1985, S. 49.

4. Carl Friedrich von Weizsäcker, Der Mensch in seiner Geschichte, München 1991, S. 9.

5. Vgl, Carl Friedrich von Weizsäcker, Der Garten des Menschlichen, München 1977, S. 28.

6. Vgl. Carl Friedrich von Weizsäcker, Wahrnehmung der Neuzeit, München 1983, S. 387 f.

7. Carl Friedrich von Weizsäcker, Bewußtseinswandel, München 1988, S. 460.

8. Carl Friedrich von Weizsäcker, Der Garten des Menschlichen, München 1977, S. 332.

9. Ebd., S. 329.

10. Vgl. Ebd., S. 442 ff.

11. Ebd., S. 443.

VI
포스트모더니즘 논쟁의
문화사적 이해

VI. 포스트모더니즘 논쟁의 문화사적 이해

1. 여는 말

서구의 근대는 자신의 시대의 역사적 새로움에 대한 자의식과 더불어 출발하였다. 그 중요한 초기기록을 우리는 신구논쟁 Querelle des anciens et des modernes에서 찾아 볼 수 있다. 이 논쟁에서의 신파의 승리는 근대 과학이 가져다 줄 진보에 대한 자신감에 힘입은 것이었다. 이 문화사적 사건은 전통과 신앙을 과학과 이성으로 대체하고 정체된 안정 대신에 부단한 변화를 추구하는 새로운 역사적 기도가 시작되었음을 말해 주고 있다. 칸트가 정립한 계몽주의적 진보의 이념은 그 단적인 표현이라고 할 수 있을 것이다.[1]

이러한 기도를 우리는 오늘날 '근대적modern' 이라고 부르고 그 핵심적 충동을 '탈마법화Entdämonisierung' 혹은 '탈신비화Entmystifizierung' 라는 말로 요약하고 있다. 예컨대 18세기의 계몽주의자들은 기존의 형이상학을 비판함으로써 봉건적 사회질서를 탈마법화하였고 19세기의 맑스주의는 독일의 고전

철학과 영국의 고전경제학을 비판함으로써 부르죠아적 사회질
서를 탈신비화하였다. 이것을 오늘날의 지적 유행어로 표현하면
칸트와 맑스는 기존의 지배적 사고방식을 '해체' 했다고 말할 수
있을 것이다.

　근대가 전통의 권위에 결별을 선언하고 이성과 합의에 근거
한 새로운 세계를 기획한 이래로 기존 질서를 반성적으로 비판
하고, 보다 나은 질서를 추구하려는 지속적인 노력은 어떤 의미
에서건 근대적 지성의 역사적 숙명이 되어버렸다. 규범과 정전
이 되어 버린 기존의 드라마를 비판하고 새로운 드라마를 기획
하여 추진하는 일은 근대의 근본동력이 되어왔다. 이러한 사실
을 우리는 철학사와 문예사조사의 목차를 일별하는 것만으로도
쉽게 확인할 수 있다. 거기에 약간의 수고만 더 한다면 우리는
또한 새로운 사조가 출현하는 시간적 간격이 현란할 정도로 단
축되고 있음을 함께 발견할 수 있을 것이다.

　지금의 시대 역시도 근대 이래의 당연한 권리를 가지고 새로
운 드라마를 기획하고 있다. 포스트모던이라는 제목 하에 기획
된 이 새 드라마는 상당히 진지한 작품성을 지니고 있는데다가
이 시대를 대표하는 지성들이 찬반으로 갈라져 적극적으로 비평
에 참여하면서 흥행에 있어서도 대성공을 거두었다. 이 새 드라
마가 문화사적 사건이 될 수 있었던 것은 그 기획자가 자신의 존
립근거인 근대사 전체에 대한 근본적 비판을 주제로 삼고 있다
는 사실에 주로 힘입은 것이다. 이 드라마의 시나리오를 요약하
면, 새 주인공인 탈근대에 의해 과거의 주인공인 근대가 심판을
받게되고 이 심판의 결과로 근대가 기존의 권위를 탈신비화하기
위해 사용했던 근대적 이성이 해체된다는 것이다. 여기에는 탈

신비화의 무기였던 근대적 이성 자체가 이제 신비화되어 기존의
권위에 대한 비판의 도구로서보다는 그 지배도구로서 오용되고
있다는 현대 서구의 역사적 인식과 성찰이 담겨 있다. 이에 따라
근대 이래로 모든 이론적, 실천적 논쟁에서 재판장의 자리를 차
지하였던 이성이 오늘날 피고인석으로 끌려내려와 가혹한 심문
과 동정적 변론 사이에서 곤경을 겪고 있다. 이 드라마의 흥행성
은 무엇보다도 이러한 사실에 힘입고 있다고 할 수 있다.

　하지만 진지한 드라마의 경우 흥행의 성공이 성공적 이해를
보장하는 것은 아니다. 오히려 흥행의 성공은 아류들의 출현과
무성한 풍문을 몰고 와 작품에 대한 올바른 이해를 방해한다. 이
러한 풍문의 주된 내용은 이 법정드라마의 결말이 죽음과 종말
이라는 것이다. 그것도 옛날 드라마의 주인공들이었던 주체, 이
성, 역사와 진보 등이 모두 사형선고를 받는다는 것이다. 하지만
그것은 단지 고소인측의 구형일 뿐 선고는 아직 내려지지 않았
으며 법정공방은 여전히 지속되고 있다. 게다가 이 드라마에서
중요한 것은 그 최종결말이 아니라 이에 이르는 과정 자체이다.
왜냐하면 이 법정드라마에 참여하거나 관심을 갖는 모든 사람들
은 즉시 스스로가 거기에서 고소인이자 동시에 피고가 되어야
하기 때문이다. 따라서 이 드라마의 성격은 관객들의 흥미와 카
타르시스를 노리는 멜로드라마가 아니라 그에 참여하는 모든 사
람들의 자기성찰과 이를 통한 성숙을 추구하는 서사극이라고 할
수 있을 것이다.

　이 드라마를 성공시킨 가장 커다란 공로는 누구보다도 리오
타르에게 돌아가야 할 것이다. 그리고 그 성공에 가장 놀란 사람
도 다름아닌 리오타르 자신일 것이다. 1979년 그는 "우연한 기

회"에 퀘벡정부 대학참사회의 위탁을 받고 자신의 본업인 철학
보다는 지식사회학의 영역에 속하는 연구를 하게 되었다.[2] 그는
이 연구결과를 『포스트모던의 조건』이라는 논문으로 작성하여
참사회에 제출하였다. 물론 이 논문은 많지 않은 분량에도 불구
하고 결코 가볍지 않은 주제를 다루고 있다. 여기에서 그는 당시
주로 미국의 문학 및 예술비평계에서 사용되던 포스트모던 개념
을 받아 들여 거대서사의 종언이라는 명제로 그 철학적 의미가
능성을 제시하였다(CP 36). 이를 통해 리오타르는 계몽의 이름
으로 대표되는 근대 정신사 전체와 정보사회로 일컬어지는 현대
의 사회적 상황, 그리고 동시대의 대표적 지식이론들에 대해 진
지한 비판적 성찰을 행하고 있다. 이 논문의 논쟁적 성격은 즉시
여러 진영으로부터 커다란 반향과 반발을 불러 일으켰다. 특히
하버마스가 포스트모던을, 미완성된 기획인 모던을 중단시키려
는 신보수주의자들의 기도라고 프랑스 탈구조주의자들을 싸잡
아 비난하면서 라인강을 전선으로 하는 독불(獨佛)간의 일대 사
상적 포격전이 전개되었다. 근대이래 서구 사상계를 이끌어온
양국의 대표적 철학자들 사이의 이 공방전은 즉시 국제적 반응
을 불러일으켜 사상적 세계대전으로 비화하면서 이 '모던파와
포스토모던파의 논쟁'은 20세기와 더불어 근대를 결산하는 일
대 문화사적 사건이 되었다. 논쟁의 마지막 불씨마저 거의 꺼져
버려 이제 어느 정도 거리를 두고 바라볼 수 있게 된 현재의 입
장에서 이 문화사적 사건을 정리하면 이 논쟁은 전체적으로 보
아 인식론적 측면에서는 합리주의적 보편성과 비합리주의적 개
별성, 실천적 측면에서는 역사의 보편적 진보와 개인주의적 자
유 사이의 대립구도 하에 진행되었다고 요약할 수 있다. 이러한

대립구도의 바탕에는 칸트 이래의 독일적 사상전통과 볼테르 이래의 프랑스적 사상전통의 차이가 가로놓여 있다는 것이 필자의 생각이다.

리오타르를 중심으로 하는 탈구조주의자들의 포스트모던론은 프랑스적 사유전통의 연장선상에 서 있다. 다만 라캉, 후기의 롤랑 바르트, 푸코, 데리다, 들뢰즈와 가타리, 줄리아 크리스테바 등의 이름으로 대표되는 탈구조주의가 각자의 전문영역에서 기존의 지배적인 담론들을 교란하는 게릴라적 전략에 주력하였던 반면에 리오타르는 포스트모더니즘 논쟁의 한 가운데 서게 되면서 탈구조주의의 바탕에 깔린 문화사적 함의를 상대적으로 분명하게 표현하고 있다. 이 글은 리오타르의 사상을 오늘날의 다양한 사회이론과 문화이론, 특히 현대 독일철학의 중요한 흐름의 하나인 '비판이론'과의 관계 속에서 고찰하여 포스트모더니즘 논쟁의 문화사적 의미를 비판적으로 성찰하려는 시도이다. 이것을 필자는 편의상 사회적, 문화적, 미학적 차원 그리고 비판으로 나누어 검토하고자 한다.

2. 포스트모던 사회

현대 자본주의의 생산양식을 설명하고 있는 대표적인 이론으로서 우리는 다니엘 벨의 탈산업사회론[3]과 에르네스트 만델의 후기자본주의사회론[4]을 들 수 있다. 이 두 이론은 폭넓은 스펙트럼을 이루고 있는 현대 사회이론들의 양쪽 극단에 각각 위치하고 있으며 이에 따라 다른 사회이론들의 상대적 위치를 가늠하는 데 유용하게 사용될 수 있다.

다니엘 벨의 탈산업사회 이론은 현대사회 분석에 있어 우파적 입장을 대변한다. 그는 사회의 발전단계를 전산업사회pre-industrial society, 산업사회industrial society, 탈산업사회post-industrial society로 구분하고 그 특징을 "자연과의 게임", "제조된 자연과의 게임", "인간들 사이의 게임"으로 각각 정의한다.[5] 이러한 구분을 통해 벨이 의도하고 있는 것은 맑스가 분석한 자본주의 사회를 산업사회에 대한 이론으로 국한시킴으로써 그의 자본주의 분석이 이제 더 이상 유효하지 않다고 주장하려는 데 있다. 그는 단순한 생산기능에서 고도의 과학기술과 정보화에 기초한 지적 기능에로의 노동기능의 변화, 재화에서 용역에로의 경제적 변화, 자본가의 지배에서 전문가집단의 지배에로의 사회적 변화를 산업사회와 탈산업사회의 구분기준으로 제시한다.[6] 과학기술의 발달, 다양한 전문가 집단의 출현에 의한 사회의 다원화, 고도의 정보처리 능력에 의한 사회의 조직화 등에 따라 이제 탈산업사회는 획일적 지배구조, 과잉생산과 분배의 편중, 사회조직 및 계층간의 갈등 등과 같은 자본주의의 모순을 합리적으로 해결할 수 있는 자기조정 능력을 갖추게 되었다는 것이 벨의 주장이다.[7] 구조와 기능의 합리적 자기조정능력과 체제유지 능력에 대한 강조는 오늘날 우파적 사회이론의 공통적 특징을 이루고 있다. 니클라스 루만의 시스템이론[8]이나 탈코트 파슨즈의 구조기능주의적 사회이론[9]은 그 대표적 예라고 할 수 있다.

이들의 이론은 인간 개인과 사회를 기능적 구조의 단위로 환원시켜 설명함으로써 체제 내의 마찰과 모순보다는 체제의 자기조절 기능과 안정성을 강조한다. 개인의 이름으로 체제의 모순과 억압성을 고발해온 세기말 이래의 이른바 모더니즘 예술은

그러한 기능적 체제이론과 체제 자체에 대해 항상 부담으로 작
용해 왔다. 이 문화 현상은 사회적 기능의 통제가 미치지 않을
뿐만 아니라 그에 항거하는 영역(프로이드 이래로 무의식의 영
역이라고 불리우고 있는)이 있다는 것을 그 체제에 거듭 환기시
켜 주었다. 이에 따라 부르죠아적 가치를 조소하는 현대 전위예
술은 체제의 순기능을 강조하는 사회 이론에 항상 곤란을 야기
해 왔고 비판적 사회이론에게는 주목의 대상이 되어 왔다. 다니
엘 벨은 교묘한 방식으로 이 난점을 해결한다. 서구의 근대는 원
래 "자율적인 인간"을 그 이상으로 하여 출발하였는데[10] 이러한
이상은 근대사의 진행 과정에서 자유방임주의를 요구하는 "부
르죠아 기업가"와 "구속받지 않는 자아"를 추구하는 "독립적 예
술가"라고 하는 두 가지 모습으로 분리되어 나타나게 되었다고
벨은 주장한다.[11] 이들 둘은 원래 하나의 이상에서 출발한 것이
지만 효율성만을 추구하는 "부르죠아의 경제적 충동"이 "본능,
자의성, 방랑적 충동"을 두려워하게 되면서 "부르죠아는 경제적
으로는 급진적이면서 문화적 취향에서는 보수적이 되었다"는
것이다.[12] 이에 따라 "문화적 충동은 부르죠아적 가치에 대항하
는 분노로 바뀌었으며 보들레르는 그 대표적 인물[13]이라는 것
이 모더니즘에 대한 그의 설명이다. 이러한 '분리'의 설명방식
은 물론 문화현상에서 체제의 내적 모순의 반영을 발견하려 하
는 맑스주의적 관점에 대한 반론이다. 실제로 그는 상부구조와
하부구조를 서로 연관된 것으로 보는 "일원론적 관점"은 19세기
적 사고방식일 뿐이며 그러한 관점은 다원화된 현대 탈산업사회
에서는 더 이상 적용될 수 없다고 주장한다.[14] 경제, 정치, 문화
는 각각 "효율성", '평등', "자아실현"이라는 서로 상충되는 원

리에 의해 지배되는 "분리된 영역"으로 보아야 하며 그러한 "분리의 결과로 지난 150년간의 서구사회의 긴장과 갈등이 야기되어 왔다"는 것이다.[15]

그의 문화이론의 보수성은 전위적 모더니즘이 오늘날 체제 내에 편입된 것을 다음과 같이 환영하는 것에서 명확히 드러난다. 그는 "오늘날 더 이상 의미있는 전위주의가 없다고 하는 일반적인 관찰 즉, 충동을 주는 새로운 예술과 충격을 받는 사회 사이에 더 이상 근본적인 긴장이 존재하지 않는다고 하는 관찰은 단지 전위주의가 이미 승리를 획득했다는 사실을 의미할 뿐"[16]이라고 하면서 영역의 분리라는 자신의 논지에 모순되게도 사회를 계도하는 전위avantagarde의 역할을 문화에 기꺼이 인정한다. 20세기의 역사는 사회에 대한 "문화의 우선권이 제도화되는" 과정을 보여 주고 있다는 것이다.[17]

하지만 그는 해프닝, 퍼포먼스, 플럭서스 등 포스트모더니즘으로 통칭되는 현대적 전위예술에 대해서는 그러한 '계도적' 역할을 인정하지 않는다. 이러한 포스트모더니즘을 그는 "모더니즘의 논리를 그 극단에 이르기까지 추구하는"[18] 것이라고 해석한다. 모더니즘이 아직 예술의 영역 내에서 행하던 기존질서의 파괴를 포스트모더니즘은 일상생활의 영역에까지 확대하고 있다는 것이다. "즉흥과 환경, 길거리와 현장처럼 예술이 아니라 생활에 적합한 영역"에 예술이 침범해 들어오는 것은 "중산층의 가치의 위기가 임박했음을 의미"하며 이러한 상황을 치유하기 위해서는 교회의 기능을 재활성화하고 종교적 감정을 부활시켜야 한다고 그는 역설한다.[19]

에르네스트 만델의 후기자본주의론은 이러한 입장의 대척점에 서 있다. 그는 "후기자본주의는 자본주의의 전개과정에서 무슨 새로운 시기는 결코 아니다"[20]라고 못박는다. 다국적 기업이 지배하는 현대의 후기자본주의는 맑스가 밝혀준 자유방임적 자본주의, 레닌이 분석한 제국주의적 독점자본주의에서 이어지는 자본의 운동법칙의 한 국면일 뿐이라고 그는 지적한다. 맑스가 분석한 자본주의의 근본적 모순, 즉 "교환가치와 자본주의적 경쟁은 어떤 식으로도 아직 철폐되지 않았으며 … 이윤추구와 자본의 증식은 여전히 그 자체가 무자비하게 생성시키는 모든 미해결 상태의 모순을 지닌 채 경제과정 전체의 원동력으로 남아 있다"[21]는 것이다.

만델은 기술의 진보와 사회의 조직화라는 후기자본주의 사회의 특성을 인정하면서도 그것의 이점을 강조하는 것은 허구적 이데올로기일 뿐이며 자본주의는 이제 쇠퇴의 국면에 접어들었다고 주장한다. "초기 자본주의의 의기양양한 행진을 무한한 가능성에 대한 확신과 경쟁의 혜택으로 뒷받침했듯이 쇠퇴하는 자본주의를 방어하려는 최후의 노력이 기술과 조직의 능력을 강조하는"[22] 것으로 나타나고 있다는 것이다. 하지만 "실제에 있어서 후기자본주의는 완전하게 조직된 사회는 아니며 단지 조직과 무정부상태의 사생아적인 결합상태일 따름"[23]이라고 한다. 기술의 전능성에 대한 신념을 그는 "기술의 물신주의Fetischismus"[24]라고 명명하고 이는 후기자본주의 시기에 나타나고 있는 "부르죠아 이데올로기의 특수한 형태"[25]일 뿐이라고 주장한다. "사회구조를 기능적 합리성이라는 규범으로 통치한다고 하는 탈산업사회의 개념도 이러한 이데올로기의 조류"에 불과하며 구조기능주의적 사회이론이나 프랑스의 구조주의도 그러한 이데올로기가 "고도의 지적 관념"으로 나타난 것일 뿐이라고 한다.[26] 이러한 이데올로기들은 후기자본주의의 실체를 "신비화"하여 은폐시키는 작용을 한다. 그러나 이들은 원래 "단순한 기만은 아니며 그 이데올로기가 신비화시키는 현실을 특수하고도 사회적으로 규정된 형태로 반영하는 것"[27]이라고 그는 말한다.

프레데릭 제임슨Frederic Jameson은 이러한 입장의 연장선상에서 현대문화를 분석하고 있다. 그는 "문제되는 어떤 변화도 순전히 문화적인 현상으로만 생각되어서는 안된다"[28]고 하면서 다니엘 벨의 '영역의 분리'를 비판한다. 그는 자본주의에 대한 "만델의 삼분법적 도식"에 의거하여 리얼리즘, 모더니즘, 포스트모더니즘을 자본주의의 전개국면에 상응하는 문화적 국면으로 해석한다.[29] 자본의 자기전개의 결과인 기술문명의 발달은 인간주체가 자연으로부터 격리되어 보다 더 인위적인 상황에 갇히게 되는 것을 뜻할 뿐이라고 제임슨은 주장한다. 자본주의의 심화에는 문화적 모순의 심화가 동반된다는 것이다. 따라서 향수와 저항을 표현한 모더니즘이 독점자본주의 시기의 "주체의 소외"를 반영하고 있다면 "도취와 자아의 소멸"을 추구하는 예술의 대중화나, 이성과 주체의 파괴를 지향하는 포스트모더니즘은 후기자본주의 시기의 "주체의 파편화"를 반영한다는 것이다.[30] 이러한 입장은 비판적 사회이론과 서로 소통하고 있으며 그 대표적인 인물은 물론 하버마스이다.

리오타르의 포스트모던론은 위에서 살펴 본 대립적 입장 모두를 비판하면서 하나의 다른 길을 모색하려는 노력으로 요약될 수 있다. 리오타르는 한편으로 조직의 완벽한 자기조정능력에 대해 회의를 표명한다. 구조기능주의가 강조하는 "수행력 최대화의 논리는 의심할 여지없이 여러가지 면에서 앞뒤가 맞지 않는 비일관성을 드러내는 데 특히 사회경제분야의 모순과 관련지어 보면 더욱 그렇다"(CP35)고 그는 지적한다. 예를 들어 그 논리는 "생산가를 낮추기 위해 더 적은 노동을 요구하며, 동시에 태만한 다수에 대한 사회의 부담을 줄이기 위해 더 많은 노동을 요구한다"(CP35)는 것이다. 이처럼 그는 현대 자본주의 사회 내에 조정불가능한 근본적 모순이 자리잡고 있다는 것을 분명히 인식하고 있다. 하지만 그는 그러한 모순이 자본주의의 붕괴와 역사의 해방을 가져다 주리라는 것도 믿지 않는다. "우리의 불신은 이미 너무 깊어서 더 이상 우리는 마르크스처럼 그 모순으로부터 구원이 오리라고 기대하지는 않는다"(CP35)고 그는 고백한다. 이처럼 그는 체제가 요구하는 효율성도 반체제가 약속하는 해방도 모두 거부한다. 즉, 그는 근대적 지식과 그 진리요구의 두 가지 전형을 모두 거부하는 셈이다.

리오타르는 이러한 진리요구에서 그것의 정당성이 아니라 잠재적 폭력성만을 발견한다. 보편적 정당성에 대한 주장은 그 자체가 폭력적이라는 것이다. 모든 진리주장은 보편적 합의를 요구하는데 이 합의의 원칙의 두 가지 대립되는 공식을 리오타르는 루만과 하버마스에게서 발견한다. 루만에게서 "합의는 체계의 한 요소이다. 체계는 수행성을 유지하고 증대하기 위해 합의를 조장한다. 이것이 … 행정적 절차의 목표이다. 이 경우 합의가 갖는 유일한 정당성은 그 진정한 목표체제를 정당화해 주는 권력을 달성하기 위해 이용되는 수단으로서의 성격일 뿐"(CP150)이라고 그는 지적한다. 이때 그 합의를 요구하는 체제 내의 정책결정자들은 "사회체제와 자신을 동일시"(CP155)하며

"당신의 열망을 우리의 목표에 맞게 조절하시오. 그렇지 않으면"하고 우리를 위협한다. 이것이 체제가 가하는 "테러의 행사"이다(CP156).

하버마스에게 있어 "합의는 인식능력과 자유의지를 갖는 존재로 정의되는 인간들 사이에서 이루어지며 대화를 통해 획득된다"(CP150). 이러한 하버마스의 합의형식은 "해방서사의 타당성에 기초해 있다"(CP150). 합의를 위한 보편적 메타규범을 수립하려는 하버마스의 철학적 시도에는 "집단적 주체로서의 인간은 모든 언어놀이에서 허용되는 수들을 조절함으로써 인류공동의 해방을 추구한다는 믿음과 어떤 진술의 정당성은 인류해방에 대해 그 진술이 기여하는 바에 있다고 하는 믿음"(CP161)이 깔려 있다고 리오타르는 지적한다. 그리고 그러한 믿음이 루만의 "안정된 체계이론에 반대하는 그의 궁극적 무기"로서 의미있다는 것을 인정한다. 하지만 이처럼 "언어놀이가 동형적이라고 가정하고 또 그렇게 애쓴다"는 것은 그 자체로서 이미 잠재적 "테러"라고 그는 비판한다(CP161).

이처럼 리오타르는 기능적 지식과 비판적 지식, 체제의 정합적 효율성과 체제의 억압으로부터의 전체적 해방 모두를 거부한다. 그는 체제 내의 합의이건 체제극복을 위한 합의이건 간에 사회와 역사에 대한 모든 통합적 전망을 전체주의라고 비판하고 오히려 개인주의적 불일치와 무정부주의적 충동에서 학문과 사회의 영구해방적 동력을 발견한다. 포스트모던이라는 기치 아래 리오타르가 모색하고 있는 것은 정보화사회라는 새로운 사회적 조건하에서 그러한 개인주의적인 해방의 동력을 활성화하는 일종의 제3의 길인 것이다. 하지만 이러한 리오타르식의 제3의 길은 결코 새로운 길은 아니다. 이것은 이미 한 세기 전에 니체가 나아갔던 길이며 폴 파이어아벤트가 "모든 것이 허용된다 Anything goes", "하고 싶은 대로 하라Mach, was du willst"[31]는 구호로 우리시대에 열어놓은 길이기도 하다. 이러한 길을 문화의 광장으로 확장하려는 것이 리오타르가 말하는 포스트모던의 기도라고 할 수 있을 것이다.

3. 포스트모던 문화

리오타르는 보편적 진리와 정의를 거부하는 것이 포스트모던의 문화적 기획이 되어야 한다고 선언한다. "보편성의 이념의 몰락, 혹은 더 나아가서 붕괴야말로 사유와 삶을 전체성의 속박에서 해방시킬 수 있다"[32]는 것이다. 이에 따라 리오타르는 진리와 합의 대신에 배리(背理)와 불일치에서, 보편성 대신에 언어놀이들 간의 이질성과 다원성에서, 믿음 대신에 불신과 회의에서 과학적 진보의 가능성을 찾으려 한다. 물론 여기에서의 진보는 해방된 미래를 약속하는 계몽주의적 진보이념과는 달리 그 목표와 방향이 주어져 있지 않은 순수한 생성과 유희의 진보이다.

언어놀이들 사이의 이질성을 강조한다는 점에서 리오타르는 맑시즘의 반영론적 입장보다는 제영역들의 자율성을 주장하는 벨의 입장에 다가가 있는 듯이 보인다. 하지만 벨이나 파슨즈의 경우에는 이 영역들이 통합된 전체를 이루는 기능단위로 환원되며 따라서 전체적으로 예측과 통제가 가능한 틀 내에서 상호 작용 및 마찰을 빚어내는 것인 반면에 리오타르의 언어놀이들은 문자 그대로 이질적이어서 계측과 전체적 판단을 허용하지 않는

다. 리오타르는 언어놀이들이 상호작용하는 방식을 군거성 구름
에 즐겨 비유한다(CP35). 구름의 입자들이 상호작용하면서 집
단을 이루고 또한 이 집단들이 서로 모이고 흩어지면서 예측불
가능한 변화를 만들어 내듯이 언어놀이도 언어요소들의 변화무
쌍한 이합집산에 의해 이루어 진다는 것이다(CP36). 파슨즈나
루만이 말하는 체제 내의 정책 결정자들은 "이 군거성 구름의
요소들이 계측가능하고 전체가 판단 가능하다는 사실을 전제하
는 논리를 빌려와, 투입—산출 모태에 따라 이 구름들을 관리하
려고 애쓴다. 그들은 우리의 삶을 권력 성장에 맞추어 할당한
다"(CP35). 하지만 이러한 "기준을 적용하면 부드러운 것이든
강한 것이든 간에 어떤 수준의 테러가 반드시 초래된다"(CP35).
왜냐하면 "조작 가능하게 다시말하면 예측 가능하게 되던가 아
니면 사라질 것을 그 기준은 강요하기 때문이다"(CP35). 리오타
르의 언어놀이들은 이처럼 루만의 "자기지시적 체계들
selbstreferentielle Systeme"[33]과 전혀 다른 성격을 지닌다. 사실
지적 이력으로 볼 때 리오타르는 기능주의보다는 비판이론의 편
에 훨씬 가까이 서 있다고 할 수 있다.

　대학을 마친 후 그는 식민지 전쟁 시기의 알제리에서 교사생
활을 하면서 자본주의가 야기하는 역사적 모순과 갈등을 생생히
체험하였고 이 체험이 그로 하여금 맑시스트그룹인 〈사회주의
냐 야만이냐Socialisme ou Barbarie〉에 가담하게 하였다. 당시
프랑스 좌파로서는 드물게도 스탈린주의와 모택동 개인숭배에
대해 비판적이었던 그는 60년대의 노선 투쟁을 겪으며 이 그룹
에서 탈퇴하였다. 〈사회주의냐 야만이냐〉로부터의 탈퇴는 그에
게 정치적 고향과 친구 그리고 지적인 자기이해 등 모든 것을 상

실하는 것을 의미하였다. 그는 그후 심각한 정신적 위기를 겪으며 보편적 진리에의 강박관념과 결별하고 열정, 충동 등과 같은 삶의 직접적 계기에 눈길을 돌렸다. 이것은 그에게 있어 맑스를 니체와 프로이드의 눈으로 그리고 프로이드를 또다시 들뢰즈와 가타리의 눈으로 새로이 읽는 것을 의미했으며 이는 결국 기성의 맑스주의 및 정신분석학과의 결별을 의미했다.[34] 또한 이것은 60년대 혁명운동의 좌절 이후 프랑스 탈구조주의자들이 걸어간 길과 궤적을 함께 하는 것이기도 하다. 70년대 후반 이후로 그는 이러한 바탕 위에서 데카르트와 칸트 이래의 계몽의 역사 전체에 대한 근본적인 재성찰을 시도하였다. 『포스트모던의 조건』이래의 저술과 논쟁에서 그가 취하고 있는 사상적 입장에는 이러한 그의 지적 체험과 이력이 깊이 스며들어 있다.

마르크스, 니체, 프로이드, 칸트와 계몽 등의 고유명사는 아도르노의 사상적 요소들이 운행되는 성좌Konstellation를 우리에게 연상시킨다. 실제로 아도르노는 리오타르가 가장 자주 언급하는 철학자의 하나이며 그들 사이의 정신적 친족성은 여러모로 확인된다. 헤겔적 전체성에 대한 혐오, 차이와 비동일적인 것에 대한 강조, 인식론과 윤리학에 대한 미학의 우위, 맑스를 니체와 프로이드적으로 읽는 독법 등은 그 대표적 예이다. 물론 이들 사이에는 간과될 수 없는 중요한 차이점도 나타나고 있는데 우리는 이를 내용과 형식의 두 측면에서 언급할 수 있다. 우선 내용상으로는 70년대 이래로 리오타르에게 있어서는, 아도르노의 사상적 성좌에서 "가장 찬란한 별"[35]인 맑스가 거의 힘을 잃고 니체가 가장 중요한 사상적 계기로 나타나고 있다. 그리고 형식의 측면에서는 아도르노의 사유가 아직 전통적인 의식 철학의 패러다임 내에서 작동하였던 반면에 리오타르는 소쉬르 이래의 구조주의적 언어관과 비트겐슈타인 이래의 화용론에 근거한 현대 언어철학의 패러다임 위에서 사유를 전개하고 있다. 이는 사상이라는 예민한 역학의 장에 중대한 변화를 초래한다. 이에 대해서는 나중에 다시 언급하게 될 것이다. 여기에서는 다만 이로 인해 아도르노 철학에서 전략적으로 중요한 위치를 차지하고 있는 화해Versöhnung의 범주가 포기된다는 것만을 미리 지적해 두고자 한다.

『포스트모던의 조건』에서 리오타르는 포스트모던을 "대서사에 대한 불신과 회의"(CP34)라고 간단히 정의한다. 또 다른 곳에서 그는 포스트모던을 "문화의 상태"라고 정의하고 모던과 대비되는 문화적 특성을 다음과 같이 요약하고 있다. "우리는 진리와 정의에 대한 담론들이 거대한 역사적 과학적 서사들에 토대를 두고 있는 사회를 모던이라고 부를 수 있을 것이다. 우리가 살고 있는 포스트모던에서는 진리와 선에 대한 정당화가 사라지기 시작하고 있다."[36] 그는 이 대서사를 모든 지식을 하나의 체계로 통일시키려는 과학적 대서사와 "보편적 평화라고 하는 선의의 윤리-정치적 목적을 지향"하는 해방적 대서사로 나누고 이 두 가지 계기가 "계몽서사"를 이룬다고 설명한다(CP36). 우리는 칸트의 『순수이성비판』을 전자에 해당하는 것으로 그리고 『실천이성비판』을 후자에 해당하는 것으로 이해할 수 있을 것이다. 이 두 계기는 독일관념론 특히 헤겔에게서 하나로 '종합' 되어 엄청난 대서사를 이루고 그후 다시 실증주의에서 루만에로 이어지는 노선과 맑스에서 비판이론을 거쳐 하버마스로 연결되는 노선으로 분리된다. 모던은 이들 모두를 지칭하는 이름이라고 할 수 있다.

여기에서 중요한 것은 리오타르가 말하고 있는 모던과 포스트모던이 시대사적 구분이 아니라 동시대 내에서 서로 마찰을 빚는 '문화적 상태'라는 것이다. 리오타르에 따르면 모던과 포스모던은 언어놀이에서 서로 내놓는 수, 혹은 서로 경쟁하는 기호이다. 더 나아가서 리오타르는 역사를 연대기적 과거가 아니라 항상 동시대 내에서 작용력을 지니는 기호로서 이해한다.[37] 다시 말해 위에서 언급한 고유명사들과 모던 및 포스트모던이라는 개념은 동시대의 언어놀이에서 우리가 내놓을 수 있는 '수'로서의 기호라는 것이다. 따라서 우리와 동시대의 인물인 하버마스나 루만이 모던일 수 있는 반면에 고대의 헤라클레이토스나 아우구스티누스 그리고 노자는 포스트모던일 수 있다. 심지어 칸트라는 하나의 인물이 우리가 수를 내놓는 방식(해석하는 방식)에 따라 모던일 수도 있고 포스트모던일 수도 있다.

결국 모던은 보편적 진리와 정의라는 수를 가지고 언어놀이에 참여하는 측이고 포스트모던은 이에 대해 불일치와 회의라는 수를 내놓는 측이라고 요약할 수 있을 것이다. 리오타르는 이러한 포스트모던의 회의가 "여러가지 과학 진보의 산물"이며 그리고 역으로 "과학의 진보 또한 회의를 전제한다"고 말한다 (CP36). 이것은 진리에 대한 믿음과 미래의 목표를 향한 합의가 과학 발전의 원동력이라고 믿는 모던 측의 주장에 대항하여 리오타르가 내놓는 수라고 할 수 있다.

앞에서 이미 살펴보았듯이 리오타르는 합의가 아니라 배리에서, 계몽주의의 엄격한 객관적 지식이 아니라 니체적인 '즐거운 지식fröhliche Wissenschaften'에서 과학발전의 원동력을 찾는다. 보편적 정당성에 대한 주장이나 합의에의 요구는 과학적 거대서사이건 해방적 거대서사이건 간에 그러한 배리를 축출함으로써 개인적 창의에 근거하는 과학발전에 역행하고 기존체제의 존속에 기여하는 힘으로 작용한다는 것이다. 불일치와 배리가 과학 진보의 원동력이라는 주장은 토마스 쿤과 파이어아벤트의 독자들에게는 이미 익숙한 테마일 것이다.

리오타르의 『포스트모던의 조건』은 배리의 창조성을 제시하고 보편적 합의의 억압적 폭력성을 논증하는 데 많은 부분을 할애하고 있다. 사실 보편에 대한 강조가 인간의 개성을 평준화하고 창조성을 억압한다는 것은 역사 속에서 그리고 주변에서 흔히 경험되는 일이다. 특히 20세기의 역사는 보편적 과학체계의 거대서사나 보편적 해방의 거대서사가 전체의 요구와 개인의 욕구를 동일시하는 이데올로기로 사용될 위험성이 있음을 보여 주었다. 이러한 이데올로기가 실제로 의미하는 것은 체제의 요구에 개인의 욕구를 맞추지 않으면 그를 축출해 버리겠다는 위협에 다름아니다. 이때 이데올로기로서의 보편적 규준은 체제의 수행성을 극대화하는 수단일 뿐이다. 그것은 결코 개인의 상황이나 욕구를 고려하지 않으며 수행성에 장애를 가져오는 개별적 충동이나 욕구를 경계하고 감시할 뿐만 아니라 그러한 요소가 나타나고 확산되는 것을 방지하기 위해 인간의 의식과 무의식을 통제한다. 물론 체제는 자신의 수행성 증대에 도움이 되는 한에서는 개인적 창조성을 인정하고 격려한다. 보편적 규준은 바로 그러한 창조성이 허용되는 한계를 주지시키고 이를 넘어서는 것을 위협하는 방식으로 개인에게 테러를 행사한다. 결국 이데올로기로서의 보편적 규준이 판별하는 것은 개인이 아닌 체제 자체에 유익한 것과 해로운 것일 뿐이다. 체제로서의 자본주의나 공산주의는 이 점에서 모두 동일하다. 두 경우 모두 실질적 주체는 체제 자체이며 개인은 그 기능적 도구에 불과하다. 절대정신이 자기전개를 위하여 개별적 인간을 도구로 사용한다고 하는 헤겔의 이른바 "이성의 간계"는 이러한 현실에 대한 냉소적 예언이라고 할 수 있을 것이다. 이 헤겔적 이성은 자본주의의 경우에는 자본으로 나타나고 공산주의의 경우에는 당으로 나타난다. 헤겔적 이성에 내재된 이러한 폭력성의 극단적인 경우를 20세기는 나치즘과 스탈리니즘의 경우에서 체험한 바 있다. 헤겔우파와 헤겔좌파의 이념을 각각 현실적으로 구현하고 있는 이 두 대립적인 전체주의 정치체제는 위대한 약속이 파국적인 테러와 결합되는 방식을 절실하게 체험시켜 주었다. 리오타르가 "19세기와 20세기는 우리가 겪을 수 있는 많은 공포를 우리에게 안겨주었다. 우리는 전체성과 하나에의 향수, 개념과 감성의 … 조화를 얻기 위해 충분히 많은 대가를 치렀다"고 말하면서 "총체성에 전쟁을 선포"할 것과 "차이를 활성화할 것"을 역설했던 것은 그러한 역사적 체험에 근거를 두고 있다.[38]

『계몽의 변증법』[39]의 독자라면 여기에서 호르크하이머와 아도르노의 목소리가 함께 울려나오는 것을 어렵지 않게 들을 수 있을 것이다. 알브레히트 벨머는 『계몽의 변증법』이 "맑스를 칸트와 니체의 눈으로, 즉 인식비판론적으로 읽으려 하며 그리고 칸트를 맑스와 프로이드의 눈으로, 즉 유물론적으로 읽으려 함으로써 이성과 지배 사이의 통일성을 설명하고 있다"[40]고 지적한 바 있다. 이러한 독법의 결과로 『계몽의 변증법』은 대립적인 두 철학적 전통노선, 즉 쇼펜하우어에서 니체를 거쳐 클라게스에 이르는 노선과 헤겔에서 맑스를 거쳐 루카치에 이르는 노선을 융합하려는 대담한 시도를 보여준다.[41] 대립되는 두 노선 사이에서의 이러한 교차독서는 아도르노의 미완성 유작 『미학이론』에 이르기까지 그의 사유가 전개되는 전형적인 방식을 이루며 그 두 전통 사이의 변증법적 매개와 힘의 균형은 아도르노 철학의 근본적인 특징으로 나타나고 있다. 다시 말해 아도르노는 한편으로 주체와 객체를 매개하는 이성적 보편개념의 근원적 폭력성을 끊임없이 고발하면서도 또 한편으로 개념의 자기지양 가능성을 결코 포기하지 않는다. 이에 따라 아도르노는 역사현실에 대한 완전한 부정에도 불구하고 클라게스의 경우처럼 "원형적 신화"에로 퇴행하거나, 니체처럼 '지금 그리고 여기'에 현현하는 직관적 체험의 진리에 모든 것을 걸지 않고 역사에 내재된 자유에의 잠재력, 즉 화해의 미래를 여전히 가능성으로 열어 놓는다.

아도르노의 철학적 사유는 무엇보다도 보편적인 것이 개별적인 것에 가하는 폭력을 증언하는 데 바쳐지고 있다. 이 점에서 "비동일적인 것의 옹호자"[42]라는 호칭은 철학자로서의 아도르노의 특징에 대한 매우 적절한 표현이라 할 수 있다. 아도르노의 철학적 난제Aporie는 그가 보편에 내재된 폭력적 계기를 증언하고 개별적인 것의 통분불가능한 고유성을 구원하려고 끊임없이 노력하면서도 동시에 철학적 사유가 개념의 보편성에 의존하고 있다는 것을 인정하지 않을 수 없었다는 데에 있다. 언어를 개념적 도구로 이해하는 전통철학의 패러다임 위에 서 있었던 그는 도구적 이성을 비판하면서도 그 비판을 위해 이성의 도구에 의존하지 않을 수 없다는 모순에 봉착하게 되었던 것이다. 아

도르노의 철학은 이러한 모순을 함께 껴안아 사유하려는 시도로
서 요약될 수 있다. 이에 따라 그의 철학은 "개념을 통해 개념을
넘어서려는 안간힘"[43]일 수밖에 없었다. "비개념적인 것을 개념
적인 것과 동일시하지 않으면서 개념에 의해 억압당하고 무시되
고 버려진 것을 개념을 가지고 나타내는 것"[44]이 철학이라는 도
착어법은 그의 철학이 빠져 있는 질곡을 잘 보여준다.

　그의 철학이 지니는 도피적 유토피아의 성격도 이로부터 설
명될 수 있다. 현실세계에 대한 모든 이해에는 도구적 이성과 보
편적 개념의 폭력성이 이미 내재해 있다는 생각, 결국 현실 속에
서는 의식과 존재의 완전한 화해가 불가능하다는 생각으로 인해
그는 현실에 대한 전면적인 부정으로 나아갈 수밖에 없었다. 그
럼에도 불구하고 그는 사상의 본래적 사명은 절망의 이유를 제
시하는 것이 아니라 구원의 가능성을 모색하는 것이라고 믿고
있었다. 이처럼 서로 모순되는 두 계기를 함께 사유하려는 시도
가 그의 이른바 『부정변증법』이다. 즉, 그는 현실을 철저하게 부
정성의 관점에서 바라보면서도 완전한 절망에 빠지지 않기 위해
피안에나마 화해적 유토피아를 설정하지 않을 수 없었던 것이
다. 이것이 그가 헤겔에 대한 온갖 반감에도 불구하고 그의 철학
의 화해의 범주를 받아들이지 않을 수 없었던 이유이다. 하지만
그가 구원의 가능성을 발견하는 장소는 '강요된 화해'로서의 헤
겔적 종합이 아니라 바로 절망 자체이다. 거짓된 화해보다는 차
라리 "절망만이 우리를 구원할 수 있다"[45]는 것이 그의 믿음이었
다. 절망과 구원 사이의 이러한 '부정변증법'은 『미니마 모랄리
아Minima Moralia』의 마지막 잠언에 잘 요약되어 있다. "절망
에 직면하여 책임을 떠맡아야 할 유일한 것인 철학은 모든 사물

들을 구원의 입장에서 서술된 것으로 고찰하려는 시도라고 할 수 있다. 인식은 구원으로부터 세계에 비춰지는 빛 외에는 어떠한 빛도 갖고 있지 않다. … 균열과 분열은 세계가 언젠가는 결핍되고 왜곡된 모습으로 메시아의 빛 속에 놓이게 될 것임을 보여 준다. … 완전한 부정성이야말로 그 반대상태에 대한 윈글씨 Spiegelschrift로 나타나기 때문이다. 그러나 그것은 또한 완전히 불가능한 것이기도 하다. 왜냐하면 그것은 다소나마 현존재의 한계를 벗어나 있는 하나의 입장을 전제로 하고 있기 때문이다. … 그러나 사상에 부여된 요구에 비해볼 때 구원의 현실성이나 비현실성 자체에 대한 물음은 거의 무의미한 것이다."[46]

이러한 긴장된 변증법이 아도르노 철학의 근본적 특징을 이루는데 그 긴장의 과도함으로 인해 그의 철학은 의도적인 비체계성에도 불구하고 경직된 특성을 보인다는 비판을 받고 있다. 특히 문제되는 것은 이러한 경직성으로 인해 그의 철학은 아무런 실천의 가능성을 담보해 주지 못한다는 것이다. 오늘날의 아도르노 비판은 이러한 과도한 긴장과 경직성의 이유를 두 가지 점에서 찾고 있다. 그 첫번째 이유로 주로 지적되고 있는 것은 그의 사유와 현실인식이 나치시대와 냉전시대라고 하는 극도로 부정적인 역사적 체험에 바탕을 두고 있다는 사실이다. 나치시대의 문화와 그 체제가 저지른 ― 아우슈비츠라는 고유명사로 흔히 요약되는 ― 만행에서 그는 그가 비판한 도구적 이성의 가장 극한적인 모습을 체험하였다. 동시에 그는 스탈린의 억압적인 전체주의를 대안으로 인정할 수도 없었으며 의심쩍은 망명객으로서 경험한 미국문화에서도 아무런 긍정적 가능성을 발견할 수 없었다. 이로 인해 그는 비타협적인 엘리트주의(Mandarin) 지식

인으로 남아 있는 것에서 그의 지적 사명을 찾을 수밖에 없었다는 것이다.[47]

다른 하나의 이유는 그가 전통적 의식철학Bewußtseins-philosophie의 한계를 넘어서려 하면서도 여전히 그 패러다임을 토대로 사유할 수밖에 없었다는 것으로 요약된다. 아도르노의 사유는 그 현대성에도 불구하고 여전히 근대 의식철학의 패러다임 위에 놓여 있었다. 주체-객체의 대립과 그 매개자로서의 의식이라는 모델을 기초로 하고 있는 의식철학은 유심론과 유물론 사이의 양자택일에서 결코 벗어날 수 없다는 한계를 지닌다. 하지만 서로 대립되는 이 두 가지 철학체계는 의식철학적 패러다임의 야누스적 두 얼굴 혹은 동전의 양면에 불과하다. 아도르노 역시 이러한 문제점을 명료하게 통찰하고 있었다.

하지만 언어를 개념적 매개도구로만 이해하는 전통철학의 연장선상에 서 있던 아도르노로서는 도구적 이성을 비판하기 위해 비언어적이고 비매개적인 직관적 인식 - 그가 벤야민에게서 빌어와 '미메시스'라고 부르고 있는 - 의 계기를 개념적 사유에 끌어들일 수밖에 없었다. 즉, 아도르노는 개념을 통한 개념의 자기극복 가능성을 미메시스적 직관성에서 찾고 있는 것이다. 하지만 개념의 보편적 매개성에 소외와 사물화에로 나아가는 공허성의 계기가 자리잡고 있듯이 미메시스적 직관의 직접성에는 자신의 역사현실적 의미를 인식하지 못하는 맹목성의 계기가 달라붙어 있다.[48] 이에 따라 이 양자의 부단한 상호지양이 『부정변증법』의 근본적 요구가 되고 있다. 결국 오늘날 비판되고 있는 아도르노의 경직된 변증법은 개념과 직관 사이의 이처럼 환원 불가능한 긴장관계에서 비롯된다고 할 수 있다.

오늘날의 철학은 언어를 더 이상 주관적 이성의 도구인 보편적 개념으로 이해하지 않는다. 현대철학의 모자이크를 구성하고 있는 여러 입장들은 그 이질성과 다양성에도 불구하고 언어에 대한 새로운 이해와 깊은 관심에 있어 공통된 면모를 보여 준다. 그것은 현대철학이 언어의 선험성, 즉 언어가 개인적 의식에 앞서 존재한다는 것과 언어의 상호주관성, 즉 언어는 주객대립을 넘어서서 존재한다는 것에서 의식철학의 한계를 극복하는 가능성을 발견하려 하기 때문이다. 여기에서 이제 인간은 존재와 의미를 구성해 내는 순수한 정신적 존재라거나 객관적 존재를 그대로 복사해 내는 기계적 존재가 아니라 역사적으로 축적된 상호주관적 경험이 교차하는 언어적 존재로 이해된다.

다시말해 언어는 사유의 도구가 아니라 사유 그 자체이며 단순한 개념이 아니라 세계의 존재성 그 자체라는 것이다. 이러한 새로운 언어관에서 우리는 스스로 보편적 의미를 구성해 내는 의식적 주체라고 하는 근대적 인간관이나 현실을 외적 실재의 재현으로 파악하는 근대적 세계관에 대한 근본적인 도전을 발견할 수 있다.

오늘날의 철학에서 우리는 이러한 새로운 언어적 인간관과 세계관에 입각하여 아도르노가 제기한 철학적 난제Aporie를 해결하려는 다양한 시도들을 발견할 수 있다. 그리고 이러한 시도들의 궁극적 의도는 아도르노의 경직된 변증법을 극복하여 현실적 실천의 가능성을 확보하려는 것으로 요약될 수 있다. 포스트모던 논쟁의 대표적 적수인 하버마스와 리오타르 역시 모두 여기에 속한다. 이들 사이의 논쟁과 대립은 그러한 기도를 통해 그들이 추구하는 지향점이 서로 갈라지고 있다는 것에서 비롯된다. 이들은 긴장된 균형을 이루고 있는 아도르노의 사상적 성좌에서 서로 다른 한 쪽에 힘을 실어 줌으로써 아도르노를 재해석 혹은 극복하려 한다. 이에 따라 이들이 오늘날의 새로운 언어관에서 주목하는 지점도 서로 갈라진다.

비판이론 제 2세대를 대표하는 하버마스는 언어의 상호주관성에 주목함으로써 언어 자체 내에서 도구적 이성의 한계를 넘어서는 의사소통적 이성kommunikative Vernunft을 발견하고 이를 통해 아도르노 철학의 경직된 변증법과 반실천적인 도피적 유토피아를 극복하려 한다. 의사소통적 이성이라는 개념을 통해 하버마스가 의도하고 있는 것은 아도르노가 "태고의 흔적"[49]으로 간주하여 개념적 인식의 매개적인 계기와 분리시켰던 미메시스를 언어적 이성 자체의 본질적 계기로 다시 소급하는 일이다.

이는 아도르노 철학의 기본구조를 이루고 있는 보편적 이성과 개별적 직관 사이의 통분불가능한 분열을, 확장된 이성개념을 통해 지양하는 것을 의미한다. 이에 따라 도구적 이성은 아도르노가 생각했던 것처럼 이성 전체의 본질이 아니라 단지 "반쪽의 이성halbierte Vernunft"[50]에 불과하며 근대의 소외 역시도 인간 본성의 근본적 분열에 의한 역사적 숙명이 아니라 치유가능한 왜곡의 상태로 해석된다.

하버마스에 따르면 이러한 왜곡은 도구적 이성이 자신의 고유한 영역인 과학기술적 인식을 넘어서서 의사소통적 이성의 영역인 공동체적 삶과 문화에로 침범해 들어온 결과이다. 따라서 이제 비판이론의 과제도 현실의 절망적인 소외를 소극적으로 증언하는 데 그치는 것이 아니라 도구적 이성의 만연에 의해 체계적으로 왜곡된 의사소통상황을 적극적으로 바로잡는 일이 된다.

이렇게 하여 하버마스는 아도르노가 예술의 영역, 즉 미학적 차원에로 내몰았던 화해의 문제를 의사소통공동체로서의 사회의 영역, 즉 윤리적 실천적 차원에로 되불러 들인다.[51]

이와 관련하여 하버마스가 자신의 철학적 과제로 삼았던 것은 19세기말 이래로 의심과 공격의 대상이 되어 왔고 오늘날 '해체'의 위협에 직면해 있는 보편적 이성을 현대언어철학의 패러다임 위에 새로이 확립해 내는 일이었다. 공동의 윤리적 실천의 전제가 되는 사회적 합의와 그 정당성을 담보해 내기 위해서는 보편적 이성의 확보가 필연적으로 요청되기 때문이다. 이 점에서 그의 철학은 그의 오랜 지기인 아펠의 "선험적 화용론"과의 밀접한 연관성을 보여 준다. 아펠의 담론이론은 의식철학의 기반 위에 서 있는 데카르트의 궁극적 확실성과 칸트의 선험적 보편성을 언어철학의 토대 위에 새로이 정초하려는 이른바 "철학의 변형"[52]에의 시도라고 요약될 수 있다.

다시말해 아펠은 비트겐슈타인, 오스틴John L. Austin, 설 John Searle등의 화용론적 언어철학을 독일의 선험철학적 전통과 결합시키고 있는 것이다. 이러한 입장의 연장선상에서 하버마스는 왜곡되지 않은 이상적 의사소통상황을 선험적으로 재구성해 냄으로써 사회비판의 합리적 규준을 마련하려 한다. 그의 주저 『의사소통행위이론』[53]은 이러한 노력의 소산이다. 이렇게 하여 아펠과 하버마스는 칸트 이래의 계몽의 이념을 새로이 구원해 낸다. 물론 여기에서의 칸트는 이론과 실천의 보편적 원칙을 수립하려는 순수이성비판과 실천이성비판의 칸트이다. 더 나아가 하버마스는 비판의 합리적 토대를 마련한 그의 철학 덕분에, 악무한의 질곡에 빠져 있던 "사회비판이론이 출구를 얻었다"[54]고

자부한다. 하지만 문제는 하버마스 철학의 이러한 이성 및 보편
지향적 성격이 아도르노가 끝내 고수하였던 개별자의 비동일성,
즉 실존의 환원불가능한 고유성을 시야에서 멀어지게 한다는 사
실이다. 결국 하버마스의 계몽의 구원과 아도르노 극복은 참된
지양이라기보다는 부정변증법의 다른 한 축인 니체적 계기를 희
생시킨 결과로 얻어진 것이라 할 수 있다. 실제로 하버마스는
1968년에 니체 철학에 대한 일종의 사망판정을 내리고 그의 사
상이 더 이상 전염성을 지니고 있지 않다고 선언한 바 있다.

하지만 바로 이 무렵에 프랑스에서는 전체적 해방을 약속하
는 맑시즘으로부터 등을 돌리고, 개인주의적인 충동과 열정을
강조하는 니체에로 나아가는 대대적인 사상적 전향이 이루어지
고 있었다. 60년대의 좌절의 체험은 프랑스 지식인들에게 권력
은 보편내재적이며 따라서 혁명적 변화나 폐기가 불가능하다는
인식을 심어 주었다. 그렇다면 해방의 실험적 정신을 지속시킬
수 있는 유일한 가능성은 기존 질서의 권위를 해체하는 무정부
주의적 반대극단 뿐이다. 이러한 관점에서 푸코는 지식에의 의
지가 결국 권력에의 의지일 뿐임을 밝히는 "지식의 고고학"에로
나아갔고[55] 가타리와 들뢰즈는 기존의 정착된 가치를 파괴하는
유목민적 사유를 강조한다.[56] 그리고 이들은 모두 니체에게서 그
들의 선구자를 발견한다. 또한 데리다는 모든 고정된 텍스트해
석과 의미단일성을 해체함으로써 근원, 원리, 자아의식, 주체 등
과 같은 현존과 실재의 이념 일체를 파괴해 버린다.

이러한 그의 해체론Dekonstruktion은 하이데거가 행한 "형
이상학의 파괴Destruktion der Metaphysik"를 이어받아 그것을
극단에 이르기까지 몰고가는 것으로 해석될 수 있다. 그의 해체

전략의 핵심개념은 의미의 상대성과 끊임없는 유예를 주장하는 저 유명한 신조어 '차연différance' 이다. 이 용어는 존재의 진리와 의미를 여전히 지향하고 있는 하이데거의 이른바 존재론적 차이와도 결별해 버리는 것을 의미한다. 그리하여 그는 "상실된 현존"과 "부재하는 근원"을 향한 "부정과 향수" 대신에 "세계의 유희성과 생성의 무구성에 대한 니체적 긍정, 오류도 진리도 근원도 없이 생동적인 세계에로 열려 있는 기호의 세계에 대한 긍정"[57]에로 나아간다.

리오타르의 포스트모던론은 개별적 차원에서 수행되고 있는 이러한 탈구조주의적 전략을 전반적인 문화적 기획으로 제시하려는 시도라고 할 수 있다. 이에 있어 이들 탈구조주의자들이 전략적 방법론을 발견하는 곳 역시 언어와 기호에 관한 담론이론이다. 하지만 독일의 담론이론이 칸트 이래의 선험철학적 전통을 계승하여 모든 담론의 필연적이고 보편적인 규준을 확보하려하는 반면에 탈구조주의의 담론이론은 소쉬르 언어학의 연장선상에서 기표와 기의 사이의 우연적이고 표면적인 관계를 강조한다. 흥미로운 것은 아펠이나 하버마스와 마찬가지로 리오타르역시 비트겐슈타인 이래의 영미언어철학, 특히 화용론에서 방법론적 토대를 찾고 있다는 사실이다.

그러나 그가 화용론에서 발견해 내는 것은 다름아닌 하버마스에 대한 반증이다. 비트겐슈타인의 언어놀이 개념을 근거로 하여 리오타르는 다양한 담론유형들의 통분불가능한 이질성과 담론규칙들의 잠정적 계약성을 주장한다(CP 49-54 참조). 그리고 하버마스가 요구하는 보편적 동의는 그 본래의 의도와는 상관없이 개별자들의 이질적 차이를 평준화하고 임의적 계약의 자유를 억압하는 잠재적 폭력성을 지닌다고 리오타르는 비판한다 (CP 159-161 참조). 다소 지나친 느낌을 주는 이러한 비판은 탈 구조주의의 근본특징인 단호한 다원주의에서 비롯된다.

리오타르의 언어철학적 저서『분쟁』[58]은 다원성에 대한 그의 열렬한 옹호를 명백히 드러내 보여 준다. 리오타르에 따르면 "분쟁은 법적 투쟁과는 달리 양측의 논증에 적용될 수 있는 판단규칙이 결여되어 있기 때문에 적절히 판정을 내릴 수 없는 둘 사이의 갈등의 경우이다. 한 쪽의 논증이 정당하다고 해서 다른 쪽의 논증이 반드시 부당한 것은 아니다. 그런데도 양측에 동일한 판단규칙을 적용하여 그들의 분쟁을 법적 투쟁처럼 조정하려 한다면 우리는 그중 하나에게 불의를 행하는 것이다."[59]

예를 들어 어떤 노동자가 노동조건에 대하여 법정에 제소하는 경우 이는 노동법에 의거하여 심리되고 판정될 수 있는 법적 사안이지만, 그 노동자가 자본주의사회에서의 노동력의 상품화와 착취에 대해 항의할 때 이것은 조정불가능한 분쟁의 경우라는 것이다. 이것은 맑시즘의 담론에서는 분명한 문제지만 자본주의 사회의 법률적 담론에서는 전혀 언급되고 있지 않기 때문이다.[60]

이와 같이 이질적인 담론유형들을 조정할 수 있는 메타규범이 존재하지 않기 때문에 보편적 정의란 불가능하며 그럼에도 불구하고 그것을 내세우게 되면 이는 결국 어느 한 쪽에 대한 불의가 되고 만다는 것이다. 리오타르가 사회적 소수파들을 위한 투쟁에 적극적으로 참여하면서도 그들에게 보편적 진리의 이념에 경직되지 않은 정치적 강령을 주문했던 것은 그러한 반보편주의적 입장의 발로였다.[61] 보편적 정의 대신에 그는 사안별 공정성을 규범으로 제시한다. 리오타르에 따르면 이러한 공정성은 하버마스가 말하는 동의보다는 불일치를 더욱 지향한다. 리오타르가 보기에 동의는 의심스러운 것이며 기껏해야 강요된 조화에 굴복하는 것일 뿐이다. 단호한 다원주의에 입각한 이러한 공정성의 이념은 보편적 화해의 불가능성을 단지 용인하는 데만 그치지 않고 그것을 지켜야 할 가치로 적극 옹호한다.

리오타르가 언어놀이들 사이의 화해불가능한 이질성, 특히 지시적 지식의 언어놀이와 규범적 행위의 언어놀이 사이의 통분불가능한 차이(CP 158)를 강조하는 것은 거기에서 다원주의적 공정성의 가치를 확보해 주는 논리적 근거를 발견하기 때문이다. 놀라운 것은 그가 이러한 입장의 철학적 전거를 찾아 거슬러 올라가는 곳도 아펠 및 하버마스와 마찬가지로 칸트라는 사실이다. 그리고 이때의 칸트는 규정적 판단bestimmendes Urteil의 원칙을 확립하는 선험철학자로서의 칸트가 아니라 순수이성(지시적 지식의 담론)과 실천이성(규범적 행위의 담론) 사이의 메울 수 없는 심연을 제시하였던 비판철학자로서의 칸트, 그리고 이 이질적인 담론들을 관련지우는 반성적 판단reflektierendes Urteil의 가상성als ob, as if과 무한한 조합 가능성을 보여주었던 판단력 비판의 칸트이다.

여기에서 우리는 리오타르의 모던비판이 일반적으로 오해되고 있는 것처럼 근대와 완전히 결별하려는 것이 아니라 오히려 그에 내재된 의미있는 계기, 즉 다원주의적 계기를 활성화시켜 그 한계를 극복하려는 것임을 알 수 있다. 결국 리오타르가 설정하고 있는 모던 대 포스트모던의 대립은 근대 전체에 대한 대항이라기보다는 거대서사에 입각한 보편사적 전략 대 소서사에 의

거한 국지적 전략 사이의 노선갈등이며 이러한 갈등은 전혀 새
로운 것이 아니라 근대 자체 내에서 이미 잠재적으로 혹은 명시
적으로 나타났던 모순, 그리고 아도르노가 함께 껴안아 사유하
려 하였던 모순의 재발현이라고 해석되어야 할 것이다.

이에 있어 국지적 다원성을 전략적 거점으로 취하고 있는 리
오타르에게 가장 시급한 철학적 과제는 헤겔의 유산을 청산하는
것으로 나타난다. 이러한 반헤겔적 정서야말로 다양한 영역에서
수행되고 있는 탈구조주의적 해체작업을 하나로 묶어주는 고리
의 역할을 하고 있다. 푸코의 다음과 같은 언급은 이에 대한 명
백한 예증이라 할 수 있다. "논리학이나 인식론, 맑스파나 니체
파를 막론하고 우리시대 전체가 목표로 하고 있는 것은 헤겔로
부터 벗어나는 일이다."[62] 이들의 헤겔비판이 궁극적으로 지향
하는 것은 모든 형태의 보편적 이성과 보편사적 이념을 해체하
는 데 있다.

이러한 입장에서 리오타르는 "여전히 세계의 다양한 사건들
을 인간성이라는 보편역사 개념으로 통합"하고 거기에 "유기적
질서를 부여하려는" 오늘날의 모든 시도가 결정적으로 좌절되
었음을 선언한다. 그리고 이를 고대에서 현대, 좌파에서 우파에
이르는 폭넓은 스펙트럼의 담론들과 다양한 역사적 사건들에서
확인한다.[63] 이처럼 역사에서 보편적 의미를 배제하는 것은 역사
의 궁극적 목표, 즉 화해를 폐기하는 것을 의미한다. 이 경우 '포
기' 보다는 '폐기' 라는 표현이 더 적절하다고 할 수 있는데, 왜냐
하면 탈구조주의자들은 보편사의 이념이 약속하는 미래의 유토
피아에서 해방의 동력이 아니라 현실의 폭력과 억압을 정당화하
는 이데올로기만을 발견하기 때문이다. 절대정신의 변증법적 자

기전개라고 하는 헤겔의 역사이념, 그리고 그 변형인 공산주의적 소비에트의 이념이나 자본주의적 세계시장의 이념 등은 전체와 부분 사이의 유기적 통일성을 주장하지만 그것은 개인의 희생과 고통을 은폐하는 거짓 화해에 불과하다.[64] 목적의 이름으로 수단의 폭력성을 정당화하였던 금세기의 비극적 사건들의 배경에는 역사를 궁극적 목적을 향해 나아가는 하나의 연속적인 과정으로 파악하는 보편사의 이념이 항상 자리잡고 있었다는 것이다. 푸코를 위시한 탈구조주의자들이 역사의 불연속성을 고수하는 것도 그들이 사회의 다원성을 강조하는 것과 동일한 동기, 즉 반전체주의적 동기에서 비롯된 것이다.

이념이 폭력성을 띠게 되는 것은 그것이 실체화hypostasieren되는 경우이다. 따라서 보편사의 이념에 대항하는 가장 효율적인 전략은 그것의 가상성을 보여주고 이를 기꺼이 긍정하는 것이다. 칸트는 이미 『판단력 비판』의 제 2부 「목적론적 판단력 비판」에서 모든 이념의 가상성을 제시한 바 있다. 잘 알려져 있듯이 칸트의 『판단력 비판』은 인과율에 의해 지배되는 자연의 왕국(순수이성의 대상)과 자유로운 목적의 왕국(실천이성의 대상) 사이에 가로놓인 심연에 가교를 놓으려는 시도라고 할 수 있다.[65] 목적론적 판단은 자연과 역사에서 궁극적 목적을 유추해냄으로써 초월적 이념을 경험적 현실세계와 연결시킨다. 하지만 칸트의 냉철한 비판정신은 여기에도 엄격한 한계를 설정하는 것을 잊지 않았다. 칸트에 따르면 목적론적 판단은 그 경험적 대상을 현실계에서 발견할 수 없다는 점에서 참된 인식의 요건인 구성적konstitutiv 능력을 지니지 못하고 다만 방향제시적인 규제적regulativ 능력만을 지닐 뿐이다.

　다시말해 목적론적 판단은 대상들에 대한 객관적 지식을 산출하는 규정적 판단이 아니라 대상들에서 상징적 유비성 Analogie을 발견하는 반성적 판단일 뿐이라는 것이다.[66] 따라서 현실세계를 목적의 관점에서 바라보는 모든 이념은 "마치 … 처럼als ob"이라고 하는 가상성의 한계를 결코 떨쳐 버릴 수 없다. 이렇게 하여 현실계와 예지계의 분열이라고 하는 데카르트 이래의 이원론은 칸트에게서도 여전히 메울 수 없는 심연을 드러내고 있다.

　칸트 이후의 독일관념론은 그러한 이원론을 극복하기 위해 이념을 실체화하는 방향으로 나아갔으며 이를 통해 화해와 해방의 대서사를 만들어 냈다. 칸트는 그러한 이념의 실체화가 지니고 있는 잠재적 위험성을 이미 예견하고 있었으며 그것이 초래할 "도덕적 폭력den moralischen Terrorismus"[67]을 다음과 같이 예시한 바 있다. "최후의 심판이 문 앞에 서 있다. 그리고 경건한 도덕적 열광자는 이제 세계가 화염 속에 몰락한 다음에 모든 사물과 새로운 세계를 다시 만들어 낼 것을 꿈꾼다."[68] 그리고 20세기의 인류는 칸트가 예견한 "최후의 심판"을 아우슈비츠와 킬링 필드에서 실제로 목격하였다. 리오타르가 칸트를 포스트모던 철학자로서 소환하고 있는 것은 그의 이원론에서 언어놀이들의 이질성에 대한 증거를, 그리고 그의 『판단력 비판』에서 이념의 가상성에 대한 증언을 발견하여 이를 통해 독일관념론의 유산을 역으로 극복하려는 것이다. 소크라테스와 플라톤에까지 거슬러 올라가는 서구의 이성중심주의에 대한 해체론자들의 비판이 궁극적으로 꾀하고 있는 것 역시도 관념론의 유산인 화해의 대서사를 청산하는 일이라 할 수 있다.

이에 따라 이들은 이제 보편적 의미로서의 역사는 구현되어
야 할 미래에 속하는 것이 아니라 흘러간 과거의 이야기라고 간
주한다. 이것이 '역사 이후Post-histoire' [69] 즉 역사의 종말의 의
미이다. 다시말해 이제 역사는 "개념에 의해 파악"되는 것이 아
니라 "무기준적인 판단에 의해 감지"될 뿐인 다양한 현재적 '사
건성Begebenheit'(리오타르는 이 칸트의 용어에서 역사의 개인
주의적 의미가능성을 발견한다)이라는 의미에서의 "기호로서의
역사"가 된다.[70]

여기에서 제기될 수 있는 문제는 이렇듯 역사에서 보편적 목
표를 폐기한다면 실천의 동력을 어디에서 찾아낼 것인가라는 물
음이다. 보편적 동의에의 기회는 물론 향수조차 거부하는 경우
이제 남아있는 힘의 원천은 니체적 의미에서의 개인적인 고양된
감정뿐이다. 불일치와 분열 자체에서 긍정의 원리를 발견하는
철학이 삶의 의미와 동력을 강렬한 개인적 체험과 열정에서 찾
는다는 것은 자명한 귀결일 것이다.

고대 이래로 인간의 가장 강렬한 체험으로 주목되어 온 것은
숭고das Erhabene, le sub limé 의 감정이다. 리오타르는 칸트가
『판단력 비판』에서 전개한 「숭고의 분석론」에서 정치적, 미학적
함의를 이끌어 냄으로써 이 가장 고양된 감성적 체험에서 실천
의 힘과 의미를 찾아내려 한다.[71] 이렇게 하여 낭만주의와 니체
그리고 부분적으로 아도르노에게서도 발견되는 직관적 감성의
우위가 리오타르에게서 결정적인 모습으로 다시 나타난다. 아도
르노는 삶과 역사의 의미를 아직 이성과 감성의 변증법에서 찾
고 있었다. 그러나 이성을 해체해 버린 리오타르에게는 그 반대
쪽 극단, 즉 니체 쪽 극단으로 나아가는 길만 남아있을 뿐이며

이에 따라 미적 직관의 우위는 이제 아도르노에게서보다도 더욱 결정적인 것이 된다.

4. 포스트모던 미학

아도르노와 리오타르의 철학적 친족성과 차이는 그들의 미학에서 가장 명백히 드러난다. 이들의 철학이 공유하는 특징인 미학의 존재론적 우위는 비동일적 차이를 강조하고 보편의 폭력에 항거하는 사유의 당연한 귀결점이라고 할 수 있다. 통분될 수 없는 고유한 개별적 체험이 보존되어 있는 삶의 영역은 바로 예술이기 때문이다. 또 하나의 중요한 공통점은 현대예술에서 이들이 주목하는 지점이 아방가르드라는 것이다. 아도르노가 세기말 이래의 아방가르드 예술에 주의를 기울였던 것은 거기에서 인습화된 부르죠아적 가치에 저항하는 에너지를 발견했기 때문이었다. 해방의 역동성을 지니고 있던 초기시민사회에서는 세계를 탈마법화하여 보여주는 역할을 하였던 리얼리즘이 이제 와서는 보수화되고 활력을 잃은 부르죠아계급의 인습적 가치를 대변하는 역기능에 빠져들게 되었다는 것이 아도르노의 통찰이다.

아도르노에 따르면 "소설은 시민시대의 특유한 문학양식으로서 그 기원은 〈돈키호테〉에 그려진 마법에서 풀려난 세계이다. 있는 그대로의 현존재를 그려내려는 리얼리즘은 그것에 고유한 본질이다."[72] 그러나 "경험의 통일성이 파괴되고" "개인들 간의 모든 관계의 사물화와 … 보편적 소외"가 지배하는 오늘날의 세계에서는 근대적 주체관과 세계관에 입각한 리얼리즘적 재현은 불가능하거나 기만일 수밖에 없게 되었다는 것이다.[73] 아도르노는 부르죠아예술의 자기완결적 조화와 부르죠아적 주체의 억눌린 통일성 사이에서 긴밀한 연관성을 발견하고 그러한 조화와 통일성이 자율적 개성을 억압하고 배제한 결과로 얻어진 것임을 통찰한다. 이에 따라 아도르노는 부르죠아 예술의 닫힌 형식에 저항하는 "열린 형식"과 "경계의 파괴Entgrenzung"를 오늘날의 예술에 요구한다. 그가 소외된 현실을 절대화하는 리얼리즘의 실재론에 반대하여 예술의 유명론Nominalismus을 주장한 것은 이러한 현실인식에 기인한 것이다.[74]

리얼리즘에 대한 그의 거부는 부르죠아사회에 국한되는 것이 아니라 사회주의적 리얼리즘 그리고 루카치의 이른바 비판적 리얼리즘에 대해서도 일관되게 나타난다. 이는 그의 다음과 같은 루카치비판에서 극명하게 표현되고 있다. "주체와 객체가 단절없이 현실을 묘사해야 한다는 주장, 그러한 단절없는 상태를 위해 루카치가 고집스럽게 사용하는 용어로 현실을 '반영해야 한다'는 주장은 그의 미학의 최상의 평가기준이기도 하다. 그러나 그러한 주장은 화해가 이미 이루어졌으며 사회가 올바르다는 생각을 내포하고 있다. … 그러나 분열과 적대감은 여전히 지속되고 있으며 흔히 이야기되듯이 동구권에서 그것이 극복되었다고 하는 주장은 단지 거짓에 지나지 않는다. 루카치는 자신을 묶어 놓고 있는 속박으로 인해 그가 열망하는 청년기의 유토피아로 돌아가지 못한다. 그 결과, 그가 절대적 관념론에서 간파하였던 강요된 화해가 그에게서 다시 나타나고 있다."[75] 이처럼 그는 리얼리즘이 규범으로서 제시하는 모든 도식과 전형을 체제와 인습의 강요로서 단호히 배척하고 개성화를 현대예술의 유일한 원리로 내세운다. 이러한 개성화만이 도구적 이성이 지배하는 '관리되는 사회'에 대항하여 소외와 사물화의 굳은 껍질을 파괴할 수 있다는 것이다.

리오타르가 제시하고 있는 포스트모더니즘의 미학적 강령도 역시 리얼리즘비판을 그 출발점으로 하고 있다. 리오타르에 따르면 "역사상 시민계급이 성립되던 시기에 살롱과 아카데미는 정화적 기능을 담당하고 있었으며 리얼리즘의 이름 아래 훌륭한 조형작업과 문학작업들을 인정해 줄 수 있었다. 그러나 자본주의는, 소위 리얼리즘적 재현이 향수나 조소이거나 … 고통스러운 행위가 아닌 경우에는 더 이상 현실을 환기시킬 수 없을 정도로까지, 낯익은 사물과 사회적 역할 및 제도들을 탈현실화시키는 힘을 내부에 가지고 있다." 이처럼 "현실이 너무 불안정한 까닭에 경험적 사건이 아니라 평가적이고 심미적인 사건만 제시해주는 세계에서" 예술적 전범은 배제되어야 한다는 것이다.[76] 오늘날의 아카데미즘은 인습적 가치와 규칙들을 고수함으로써 예술적 실험정신을 고갈시킬 뿐이다. 이에 따라 리오타르는 "선배들에게서 배운 회화와 서사예술의 규칙들에 의문을 제기"할 것을 오늘날의 예술가들에게 요구한다. 그런 규칙들은 "기만"과 "유혹", "안심의 수단"일 뿐이며 그에 따를 경우 〈사실〉이 되는 것은 오히려 불가능해진다. 그러한 규칙들을 재검토하지 않는 예술가들은 "대중적 순응주의자"로서 사회적 성공을 추구할 뿐이며 이처럼 "대중매체의 도전에 저항하지 않는 시각예술과 서사예술의 일반적 모델"이 바로 포르노라고 리오타르는 지적한다.[77] 이처럼 자본주의 사회에서의 "리얼리즘은 언제나 아카데미즘과 키취 사이에서 헤맨다".

그리고 과거의 동구권 국가에서처럼 "권력이 당의 이름을 취할 경우 리얼리즘과 그것의 신고전주의적 보조형태들은 실험적 아방가르드를 비방하고 금지시킴으로써 승리를 거둔다." 이처럼 "예술적 실험에 대한 공격이 정치적 기구에 의해 이루어질 경우에 특히 반동적"이라고 리오타르는 비판한다.[78] 리오타르는 또한 〈포스트모더니즘〉의 구호 아래 상업주의적 충동을 숨기고 있는 오늘날의 영합적 대중문화에 대해서도 비판적이다. 리오타르의 포스트모더니즘 강령은 은밀히 "실재에 대한 환상"을 복귀시키려 하는 이러한 "이완"된 경향에 대항하여 아방가르드의 유산인 긴장된 실험정신을 다시 고취하려는 시도로 요약될 수 있다. 따라서 그가 제시하는 포스트모던의 척도는 아방가르드의 저항적이고 해방적인 활력에 있는 것이지 타협적 대중예술이나 양식의 절충주의 등과 같은 오늘날의 유행사조와는 거리가 멀다. 리오타르의 미학적 입장은 여기까지는 아도르노와 완전히 일치한다. 이들이 서로 갈라지게 되는 지점은 위에서 이미 살펴보았듯이 리오타르가 아도르노 변증법의 긴장된 균형과 부정으로부터 이탈하여 니체적 긍정으로 나아가는 갈림길에서이다.

아도르노의 미학적 사유는 보편적 이성과 개별적 감성, 매개적 개념과 직관적 미메시스, 형식과 질료, 한마디로 철학과 예술 사이의 『부정변증법』의 연장선상에서 전개되고 있다. 전체로서의 참된 인식은 이 두 계기의 변증법적 상호지양을 통해서만 가능하다. 정신의 이 두 계기가 본래 하나인 진리를 각각 분리된 형태로만 포착하는 경우 거기에는 필연적으로 결핍성이 나타나게 된다. 이러한 결핍성을 아도르노는 다음과 같이 명료하게 표현하고 있다. "논증적 인식의 진리는 감추어져 있지 않다. 그러나 논증적 인식은 스스로 진리를 가지고 있지는 않다. 예술로서의 인식은 진리를 가지고 있다. 그러나 그 진리는 통분된 개념으로 표현될 수 없다."[79] 번득이는 심미적 체험의 순간에 현현하는 진리는 구체적이고 현재적이라는 점에서 논증적 인식보다 우월하다. 예술적 체험의 엄청난 광휘와 더불어 우리를 찾아오는 열정의 힘은 일상적 인식의 사물화된 껍질을 단숨에 파괴해 버린다. 하지만 그것은 그처럼 압도적인 모습으로 나타났다가 찰나적으로 사라져 버리는 무상성의 계기를 자체 내에 내포하고 있다. 따라서 심미적 체험은 덧없는 것이 되지 않기 위하여 해석하는 이성, 즉 철학을 필요로 한다. 아도르노의 표현을 빌면 "진정한 심미적 체험은 철학이 되어야만 한다. 그렇지 않다면 그것은 아무것도 아니다."[80]

아도르노는 철학과 예술의 이러한 상호지양이 이질적인 것을 강제로 결합시키는 것이 아니라 그것들에 이미 본질적으로 내재된 경향이라고 파악한다. 즉 철학은 보편적 이성의 형식을 통해 삶의 미메시스적 계기를 진술하려는 노력이고 예술은 직관적 미메시스의 질료를 형식에 담아 표현하려는 시도이다. 따라서 철학과 예술이 궁극적으로 지향하는 것은 서로를 지양하여 화해에 이르는 것이다. 하지만 이러한 화해된 진리를 구체적으로 진술하는 것은 분열된 현실자체가 지양되어 화해가 실제 역사 속에서 구현되었을 때에만 가능하다. 따라서 화해의 상태 자체에 대해 진술하는 것은 모두 거짓 화해 혹은 '강요된 화해'에 불과하며 소외된 부정적 현실 속에서 화해는 오직 하나의 난제 Aporie로서만 사유될 수 있다. 이렇게 하여 아도르노는 한편으로 니체의 허무주의적 미학의 가상성의 범주를 받아들이고 있으면서도 다른 한편으로 여기에 맑스주의 미학의 진리와 역사성의 범주를 대립시켜 긴장된 균형을 유지한다.

다시말해 아도르노가 니체에게서 물려받고 있는 근대적 주체와 이성비판 그리고 그에 입각한 실재론적 형식 미학의 해체는 동시에 새로운 주체와 새로운 이성 그리고 새로운 미적 형식에 대한 추구이기도 한 것이다. 이러한 사실은 그가 현대예술에 대해 제기했던 "혼란의 통일성, 파괴적 종합, 무의미의 한 가운데에서 의미를 암시하는 과제" 등과 같은 역설적인 요구에서 명백히 확인된다.

이처럼 아도르노의 미학에서는 전략적 계기로서의 니체 미학과 지향적 계기로서의 맑스주의 미학이 서로 팽팽한 균형을 이루고 있다. 반면에 탈구조주의의 연장선상에서 근대적 주체와 이성의 해체에 중점을 두고 있는 리오타르의 미학은 아도르노가 맑스와 루카치를 통해 받아들이고 있는 최후의 헤겔적 유산인 화해의 범주조차도 완전히 청산해 버리려 한다. 어떤 형태로서든 화해에의 향수가 이야기되는 곳에서 리오타르는 오직 "테러가 복귀하는 소리"를 들을 뿐이다.[81]

이에 따라 리오타르는 포스트모더니즘 미학에서 보편적 개념과 형식의 역할을 그 최후의 잔재에 이르기까지 해체해 버리려 한다. 아도르노의 미학은 예술이 해석하는 이성을 필요로 한다는 것에서 아직 철학의 고유한 역할을 인정하고 있었다. 리오타르에게 있어 이제 철학자는 "미래에 만들어질 규칙을 만들기 위해 아무런 규칙도 없이 작업하는" 포스트모더니즘 작가와 예술가들 자신이다.[82] 이는 아도르노의 미학에서 참모사령부와 전투부대의 역할을 각각 담당하고 있던 맑스주의 미학과 니체 미학에서 이제 참모사령부는 폐지되고 전투부대만 남아 게릴라전을 수행하게 된다는 것을 의미한다. 이에 따라 아도르노의 긴장된 변증법은 깨어져 버리고 직관적 감성의 우위는 결정적인 것이 된다. 이제 예술의 역할은 화해의 가능성의 증언에서 풀려나 오로지 표현할 수 없는 것에 대한 강렬한 체험을 일깨우는 것일 뿐이다.

이것이 미학에 가져오는 직접적인 결과는 미학사에서 항상 중심적 위치를 지켜왔던 미의 범주가 이제 숭고의 범주에 의해 뒷전으로 밀려나게 된다는 것이다. 서양미학사에서 조화로운 형식으로 이해되어 온 미는 이성에 근거를 두고 있는 규범과 규칙에 의해 지지되어 왔다. 따라서 미의 이념은 무엇보다도 '취미 Geschmack'로 표현되는 전통사회의 가치규범과 밀접한 연관을 맺고 있다. 반면에 숭고는 형식과 규범을 파괴하는 그것의 압도적인 힘과 관련하여 미학과 시학에서 주목받아 왔다. 이 감정의 본질은 우리의 일상적 사유를 움직이는 모든 경계를 무너뜨리고 전통적 가치규범을 단숨에 휩쓸어 버리는 강렬한 혁명적 힘에 있다. 고귀한 이념과 결합된 이러한 파괴적 열정을 예술사에서는 '질풍노도Sturm und Drang'나 아방가르드에서 그리고 정치사에서는 프랑스대혁명이나 러시아대혁명 등에서 분명한 모습으로 찾아 볼 수 있다. 기존질서의 파괴를 본질로 하는 이 격정적 체험 안에서 미학적 열정과 정치적 열정은 하나로 묶여 있으며 따라서 숭고의 개념은 벤야민이 이야기한 "미학의 정치화"와 밀접한 연관성을 지닌다. 하지만 동시에 벤야민이 나치즘에서 간파한 "정치의 미학화"의 위험성도 이 감정은 다분히 내포하고 있다.

이러한 간략한 고찰을 토대로 하여 여기에서 우리는 미를 형식미학의 중심범주로, 그리고 숭고를 형식파괴적 미학의 중심범주라고 거칠게 정의할 수 있을 것이다. 이렇게 볼 때 비판적 관점에서 현실을 바라보는 미학이 숭고의 미학으로 나아가는 것은 당연한 귀결일 것이다. 실제로 아도르노의 미학은 이미 숭고의 미학의 특징을 여실히 보여주고 있다. 아도르노 자신도 "형식미가 무너진 이후 현대예술 전체를 통해 전통적 미학이념들 가운데 남아 있는 것은 숭고의 이념뿐"[83]이라고 말한 바 있다. 이 점에서 아도르노의 미학을 "내포적 숭고의 미학"으로 해석하여 리오타르의 미학과 비교하려는 시도는 많은 설득력을 지닌다.[84] 하지만 아도르노의 『미학이론』 전체는 여전히 미의 범주를 기본패러다임으로 하여 전개되고 있으며 이는 지향적 계기로서의 화해가 전략적 계기로서의 해체 이상으로 아도르노에게 중요하다는 사실을 증언해 준다. 따라서 그의 미학은 숭고와 미 사이의 부정변증법적 미학으로 해석되어야 할 것이다. 그의 미학을 오로지 숭고의 미학으로 해석하게 되면 그의 사유에서 중요한 한 축을 도외시하게 되고 결국 그의 사상적 성좌를 지탱하고 있는 힘의 균형을 무너뜨리는 결과에 이르게 된다.

리오타르의 미학은 바로 그러한 결과로 나아간다. 언어철학적 인식론의 경우와 마찬가지로 미학에서 그가 논거를 발견하는 곳도 역시 칸트의 『판단력 비판』, 특히 「숭고의 분석론」이다. 『판단력 비판』에서 칸트는 미와 숭고를 별개의 범주로 구분하고 거기에 선험철학적 근거를 제시함으로써 심미적 체험의 본질에 대한 철학적 접근의 길을 열어 주었다. 칸트에 따르면 미는 자연대상의 형식과 우리의 정신능력, 즉 상상력 및 오성형식이 조화를 이루는 데에서 생겨나는 무목적적 합목적성의 쾌감이다.[85] 반

VI. 포스트모더니즘 논쟁의 문화사적 이해 | 203

면에 숭고는 우리가 자연대상에서 무한히 큰 것(수학적 숭고) 혹은 압도적인 파괴적 힘(역학적 숭고)의 표상을 발견했을 때 느끼는 격렬한 불쾌감, 즉 공포에 의해 촉발된다. 이때 공포가 닥쳐오는 것은 우리가 그 무한한 것의 표상을 우리의 표상능력(상상력)을 통해서도, 개념능력(오성)을 통해서도 파악할 수 없기 때문이다. 그것은 자연적 존재자로서의 우리 인간의 정신능력에 대해 비합목적적인 것이다.

하지만 이와 동시에 우리는 자연적 존재자로서의 인간을 넘어서는 초월적 정신능력 즉 이성이념을 자신 속에서 발견하고 이를 통해 그 무한한 것의 표상을 보다 높은 경지에서 수용함으로써 쾌감을 느끼게 된다. 그것은 초월적 존재자로서의 우리 인간의 정신능력인 이성이념에 대해 합목적적이기 때문이다. 숭고 체험의 본질은 이처럼 엄청난 공포와 희열이 교차하는 강렬한 이중감정Ambivalenz을 통해 표상할 수 없는 것이 표상되고, 제시될 수 없는 것이 제시된다는 데 있다.[86]

칸트의 숭고 분석에서 리오타르가 주목하는 지점은 표현할 수 없는 것의 존재와 그것의 형식파괴적인 힘이다. 리오타르에 따르면 숭고의 예술이 지향하는 바는 표현형식으로서의 예술을 부단히 파괴함으로써 표현할 수 없는 것의 존재를 암시하는 데 있다. 이것은 아도르노도 일관되게 예술에 대해 요구한 바 있다. 하지만 아도르노는 표현할 수 없는 것을 표현하려고 노력할 것을 철학에게 요구하고 있다. 리오타르가 아도르노에게 제기하는 불만은 그의 미학이 이처럼 개념과 감성의 화해에 대한 향수를 여전히 고수하고 있다는 것이다.

이에 따라 리오타르는 포스트모던 미학과 모던 미학의 구분

204 | 이성과 감성의 평행선

기준으로서 모더니즘은 아직 향수에 젖어 있는 숭고 미학이며 포스트모더니즘은 향수를 떨어버린 숭고 미학이라는 공식을 제시한다.[87] 리오타르는 숭고의 존재론적 위치로서 "지금 여기"를 강조함으로써 이러한 구분을 더욱 명백히 한다.[88] 그가 "지금 여기"를 강조하는 것은 표현할 수 없는 것이 '저기(피안)'에 대한 아도르노적 향수를 불러일으킬 수도 있기 때문일 것이다.

칸트에 있어서도 이미 숭고는 초월적 이성이념과 밀접한 연관성 속에서 파악되고 있다. 즉, 칸트에게서는 이성이념이 현현하는 화해의 상태가 이 굴절많은 복합감정에서 중요한 지점을 차지하고 있었다. 하지만 파괴와 이를 통한 삶의 긴장을 목표로 하는 리오타르의 미학에서 이곳은 전략적으로 불리한 지점이다. 이에 따라 리오타르는 불쾌에서 쾌로 이어지는 숭고의 체험과정 내에서도 오직 순간의 계기에만 숭고를 더욱 한정시킨다. 즉, 리오타르는 현실의 부정인 불쾌와 초월의 긍정인 쾌가 교차하는 짧은 순간, 아직 아무 것도 일어나지 않은 긴장의 순간, 그가 "그것이 일어나는가?"로 표현하고 있는 그 순간에 숭고의 계기를 한정한다.[89] 파괴의 고통에 의해 감성이 극도로 예민하게 되고 화해는 아직 이루어지지 않은 이 순간에야말로 우리의 삶의 긴장은 최고조에 달하게 된다. 이 극도로 긴장된 순간이 지니는 폭발력에서 리오타르는 미학적, 정치적 동력을 찾고 있는 것이다.

이렇게 하여 리오타르는 니체의 가상성의 미학과 보러Bohrer의 "순간성의 미학 Ästhetik der Plötzlichkeit"[90]에로 밀접하게 다가간다. 이것은 개념과 화해를 배제한 미학의 당연한 귀결일 것이다.

5. 비판

리오타르의 철학적 사유에 일관되게 – 맑시즘과의 결별 이전과 이후를 막론하고 – 나타나고 있는 근본적 특징은 반전체주의적이고 반권위주의적인 충동이라고 할 수 있다. 이는 프랑스의 탈구조주의자들 모두에게 적용될 수 있는 특징이기도 하다. 이들은 권위주의적 억압을 20세기의 전체주의적 정치체제뿐만 아니라 관료기구, 학교, 병원, 감옥, 심지어 과학과 문헌해석에 이르기까지 사회와 문화의 모든 곳에서 감지해 낸다. 그리고 이러한 억압의 배경에 지배와 권력에의 의지로서의 근대적 이성과 주체가 자리잡고 있음을 발견한다. 이에 따라 이들의 지적 전략은 그러한 억압적 근대성을 사회의 모든 영역에서 찾아내어 이를 해체하는 것에 집약된다. 이러한 해체전략은 개인에 대한 전체의 폭력, 감성에 대한 이성의 폭력을 고발함으로써 전체성이 아닌 개성존중의 사회윤리를 지향하고 전체의 목표가 아닌 개성의 활력에서 사회적 동력을 이끌어 내려 한다.

이에 따라 거의 무정부주의에까지 이르는 다원주의가 해체론의 근본적 입장이 되고 있다. 결국 해체론의 진정한 의미를 우리는 그 난삽한 논리 자체에서가 아니라 그 도덕적 동기의 순수함과 사회적 문제를 근본적인 차원에서 환기시키는 힘에서 찾아야 할 것이다. 하지만 유감스럽게도 우리나라에서의 일반적인 해체론 수용경향은 그 반대인 것으로 보인다. 철학적 논리로서의 해체론 자체는 오히려 많은 한계와 난점을 지닌다. 이하에서 필자는 해체론의 핵심적 문제점을 제시함으로써 포스트모던비판을 대신하고자 한다.

철학적 해체론의 근본적인 문제는 비판의 전략으로서의 해체를 극단화하면 자신의 비판적 토대 자체도 해체되고 만다는 것으로 요약할 수 있다. 해체론자들이 적극 옹호하는 다원주의는 탈구조주의적 사고방식에 의거한 언어철학적 상대주의와 해석학적 회의론에 논거를 두고 있다. 이들이 언어의미의 극단적 상대성을 고수하는 이유는 거기에서 근대적 주체와 이성의 해체를 위한 가장 중요한 무기를 발견하기 때문이다. 근대철학은 언어를 의식철학의 연장선상에서 이해하고 있었다. 즉, 의식의 주체가 객관적 실재에 이름을 부여한 것이 언어라는 것이다. 이러한 실재론적 의미론에 의해 근대적 주체는 세계와 의미의 고정성, 그리고 자아의 동일성을 확보할 수 있었다. 아도르노는 이미 그러한 도구적 언어개념에서 주체의 객체에 대한 도구적 지배관계를 통찰한 바 있다. 해체론의 언어철학적 전략은 소쉬르가 지적한 기표의 자의성을 의미론의 차원에까지 확대시켜 언어의 의미를 극단적으로 상대화함으로써 근대의 고정된 주체-객체 관계를 파괴하려는 데 있다. 언어의 의미가 끊임없이 미끄러지고 유예된다고 하는 데리다의 "차연"개념은 그 대표적 예라고 할 수 있다. 물론 데리다의 지적과 예증은 상당한 설득력을 지닌다.

여기에서 지적되어야 할 것은 데리다가 보여준 것은 언어의 의미가 우리의 의식에 의해 고정될 수 없다는 것일 뿐이라는 것이다. 의식철학적 언어관은 후기비트겐슈타인에 의해서도 근본적으로 비판된 바 있다. 하지만 후기비트겐슈타인이 나아간 곳은 의미의 극단적인 상대주의가 아니었다. 그가 보여 준 것은 언어의 의미가 언어놀이에서의 그것의 사용, 즉 상호주관적 실천 속에 있다는 것이다. 따라서 해체론의 극단적 의미상대주의와 해석학적 회의론 역시 단지 의식의 차원에 대해서만 유효하다.

언어는 그것의 본래적 장소인 실천적 차원에서는 결코 상대성 속으로 끊임없이 미끄러지지 않으며 오히려 그곳에서 그것의 참된 의미를 획득한다.[91] 따라서 해체론이 이론적 차원에 머무르는 한 "언어의 감옥"은 근대의 의식의 감옥과 결국 같은 감옥에 불과하며 상호주관적 실천의 장으로 나아가지 않고는 결코 그 감옥으로부터 벗어날 수 없다. 다시말해 실천의 삼차원적 공간의 문제를 의식의 이차원적 평면에서 접근하게 된다면. 해체론은 그 내적 모순을 드러낼 수밖에 없다는 것이다.

구체적인 예로서 리오타르와 탈구조주의자들이 적극 옹호하고 있는 다원주의는 실천적 가치의 문제라고 할 수 있으며 따라서 그것은 공동의 가치실현을 위해 함께 토론에 참여하는 이성, 즉 아펠과 하버마스가 말하는 "의사소통적 이성"을 전제로 한다. 그런데 해체론자들처럼 다원주의의 논거를 극단적인 의미론적 상대주의에 두게 되면 우리는 거기에서 극도로 고립된 개인적 변덕들 외에는 아무것도 발견할 수 없게 된다. 이렇게 되면 다원주의라는 것 자체가 아무런 '의미'도 없게 된다. 이것은 실천적 차원의 문제를 오로지 언어논리적 차원에서 접근하게 되면 그런 결과에 이르고 만다는 것이다. 이 점에서 아펠이 데리다의 극단적 회의론에 대해 "그는 실천적인 자기모순에 빠지지 않고는 한마디도 쓰거나 말할 수 없다"[92]고 했던 것은 적절한 비판이라 할 수 있다. 즉, 데리다는 "수행적 자기모순(말하고 있는 내용을 스스로의 행위로 부인하고 있는 자기모순)"을 범하고 있다는 것이다.

데리다 해체론의 이러한 자기모순은 리오타르에게서도 거듭 확인된다. 리오타르가 근대적 이성의 파산을 확인하는 지점은 ‒ 아도르노가 그랬던 것처럼 ‒ 아우슈비츠이다. 그는 이 전체주의적 만행의 배경에 "하나"라는 이데올로기가 자리잡고 있다고 고발한다. 그리고 모든 "하나"에의 향수에서 테러의 위험성을 발견하고 이에 저항하여 언어놀이의 이질성을 단호히 옹호한다. 문제는 언어놀이의 이질성을 극단적으로 고수하게 되면 나치즘의 담론 역시도 하나의 언어놀이로서 인정하는 것이 그의 표현대로 "공정"하다는 결론에 이르게 된다. 물론 리오타르는 그러한 결과를 원하지 않을 것이다. 하지만 그의 논리 내에서는 그러한 도착적 결론에 대한 반대논거를 찾아낼 수 없다. 이러한 모순으로부터 벗어나려면 평면적 언어논리의 감옥을 깨고 의사소통적 실천의 장으로 나아가야만 한다. 이런 의미에서 나치유산의 청산을 과제로서 물려받은 직접적 당사자인 하버마스의 다음과 같은 실천적 제안이 더 설득력 있게 들린다. 즉, 나치가 "이성에 대한 믿음의 최후의 여지조차도 파괴해 버림으로써" 이제 "자신의 우발성을 의식하게 된 현대"는 바로 그렇기 때문에 그만큼 더 "절차적 이성에 의존하여" "민주주의의 원칙"을 엄격히 고수하여야 한다는 것이다.[93]

　리오타르의 미학에서도 동일한 문제가 나타난다. 그의 숭고의 미학은 사물화된 인습적 질서를 부단히 파괴하는 영구해방의 동력을 확보하려는 시도라고 할 수 있다. 그는 예술에서 일체의 형식과 개념의 계기를 해체함으로써 그러한 동력을 극대화하려 한다. 다시말해 그의 포스트모더니즘 미학은 아도르노의 미학에서 전략적 측면인 니체적 계기만 수용하고 지향적 측면인 맑시즘의 계기를 폐기하는 것으로 요약될 수 있다. 이는 결국 심미적 체험이 가져오는 긴장과 폭발력의 강도만이 미학적 기준으로 남게 된다는 것을 의미한다. 또다시 문제는 이러한 논리적 극단화에서 발생한다. 이러한 그의 미학이 나아가려 하는 곳이 "미학의 정치화"에 있음은 물론일 것이다.

하지만 이처럼 지향적 계기가 폐기되어 버리면 이와 동시에 "미학의 정치화"와 "정치의 미학화"를 구분할 수 있는 기준도 함께 사라져 버리고 만다. 이렇게 되면 나치의 뉘른베르크 전당대회에서 병사들과 당원들이 느낀 숭고와 프랑스혁명의 광장에서 군중들이 느낀 숭고를 가늠할 수 있는 척도는 단지 어느 쪽이 더 강렬했는가일 뿐이라는 도착된 결론에 도달하게 된다. 이는 니체적 가상성의 미학이 나아가게 되는 논리적인 귀결이며 따라서 나치의 니체 오용가능성은 이미 니체 자신에 잠재되어 있었다고 할 수 있다. 아도르노는 이미 이러한 문제점을 명료하게 인식하고 있었으며 어떤 대가를 치루더라도 이를 막으려 하였다. 이것이야말로 아도르노가 "내재적인 숭고의 미학"을 미와 화해의 범주에 끝내 묶어 놓으려 했던 이유였다. 그는 그의 근본적인 이성비판에도 불구하고 그 반대극단이 해결책이 될 수 없다는 것을 분명히 통찰하고 있었던 것이다.

하지만 탈구조주의자들이 나아가는 곳은 바로 그 반대극단이다. 이는 무엇보다도 독일적인 근대적 이성과 그에 기반한 문화에 대한 그들의 반감에서 비롯된다. 미셸 푸코가 "고문, 그것은 바로 이성이다"라고 토로했던 것은 그 반감의 깊이를 잘 드러내 보여 준다.[94] 하지만 이것이 모든 이성적 기준을 해체하는 것을 정당화해 주지는 않는다. 더구나 근대적 이성의 폭력성에 대한 해답이 직관적 감성이 될 수는 없다. 칸트가 - 또한 아도르노도 - 이미 지적했듯이 거기에는 맹목성의 계기가 달라붙어 있기 때문이다. 실제로 하이데거와 벤과 같은 독일 지식인들이 일시적으로나마 나치에 부역하게 되었던 것은 김빠진 이성의 권태 대신에 직관적 체험의 확실성에로 달려갔기 때문이었다.

아도르노는 이미 근대적 이성에 대한 비판이 동시에 새로운 이성에 대한 요청임을 암시했었다. 그러한 이성의 가능성은 이미 칸트에 의해서도 암시된 바 있다. 역사세계의 의미와 목적에 대해 "규정적 판단"을 내릴 수 없다는 칸트의 지적에서 리오타르는 보편사적 이념에 대한 반대논거를 발견한다. 물론 그것은 옳다. 현실세계의 대상에서 우리는 이념의 유비성만을 발견할 수 있을 뿐 이념 자체를 대상으로 발견할 수 없기 때문이다. 그리고 그러한 유비적 이념을 실체화하여 그것을 역사세계에 구현하려는 시도가 폭력과 파국을 가져온다는 것도 인정할 수 있다. 그것은 이미 지난 세기의 경험을 통해 여실히 입증되었기 때문이다. 리오타르는 여기까지만 칸트를 읽으려 한다. 이 점에서 리오타르는 칸트를 절반만 읽으려 한다고 말할 수 있다. 하지만 칸트는 동시에 인식이 실천적 방향을 잃지 않기 위해서는 "규제적 regulativ" 원칙으로서의 이성이념이 불가피하다는 것도 이야기한 바 있다. 역사에 대해 이성을 규제적으로 사용한다는 것은 존재와 당위, 경험과 기대를 끊임없이 매개하는 것을, 현실역사에 대해 솔직한 눈길을 보내면서도 그에 대한 용인과 체념에 빠지지 않고 실천의 방향을 암중모색하는 것을 의미한다.

아펠과 하버마스가 의사소통적 이성의 규준으로 제시하였던 것도 "규정적"인 것이 아닌 "규제적 원칙"이었다. 이성과 원칙의 규제적 사용은 행위를 구속하기 위해서가 아니라 비판의 토

대와 방향을 잃지 않기 위해 필요하다. 리오타르는 폭력 대신에
합리적 논증과 대화를 요구하는 아펠과 하버마스에게서 역으로
논증의 강요라는 폭력성을 발견한다. 해석을 이처럼 극단으로
몰아가게 되면 갈등과 이질성을 지나치게 강조하는 리오타르에
게서도 현실의 폭력성에 대한 방조자를 발견할 수 있다. 이질성
과 갈등이 언어놀이의 본질이라는 리오타르의 주장은 현상적으
로 옳다. 하지만 갈등이 생겨날 경우 폭력만을 유일한 수단으로
인정하지 않으려면 대화를 통한 공정한 투쟁에 호소하는 것 외
에 다른 해결책이 없다는 것도 원칙적으로 옳다. 침묵을 강요하
는 폭력적 상황에 대하여 그것의 부당함을 증언하기 위해서는
규제적 원칙이 있어야 한다는 것이다. 다시말해 규제적 원칙이
요구하는 것은 토론의 끝이 아닌 토론의 시작인 것이다. 이것은
리오타르가 요구하는 사회적 이상과 그리 멀지 않을 것이다.

　이성의 규제적 사용은 미학에 있어서도 마찬가지로 요청된
다. 즉, 창작에 규칙을 부과하고 작품의 가치를 전통적 규범에
따라 규정적으로 판단하기 위해서가 아니라, 심미적 체험의 의
미를 자유로이 토론하여 이를 공동의 사회적 활력으로 만들기
위해, 예술이 정치의 수단이나 유미주의에 빠져들지 않게 하기
위해서는 예술에서도 방향을 모색하고 토론하는 이성이 필요하
다. 이러한 토론은 새로운 영감의 원천을 제공해 줄 수도 있을
것이다. 자유로운 토론을 원칙으로 하고 또 그것을 가능하게 하
는 사회 – 이것이야말로 리오타르가 칸트의 숭고개념에서 받아
들이고 있는 "문화적 성숙"의 척도일 것이다.

6. 닫는 말

리오타르의 정신적 이력과 그의 철학에서 보게 되는 모습은 역사에 의해 상처받은 지성이다. 이것은 리오타르 뿐만 아니라 탈구조주의자들 대부분에게서 확인되는 모습이기도 하다. 이러한 "상처받은 삶"의 뚜렷한 흔적은 아도르노에게서도 찾아 볼 수 있다.[95] 그는 시민사회의 붕괴와 나치의 등장 등과 같은 환란의 현장을 체험하면서 현대의 문제를 근본적 차원에서 성찰하려 하였다. 이러한 모색을 통해 그가 보았던 것은 근대의 모순과 분열이었다. 아도르노는 그러한 분열의 한 가운데에 서서 그 모순 자체를 증언하는 "부정 변증법"에서 그의 철학적 사명을 찾았다. 프랑스의 탈구조주의와 독일의 제 2세대 비판이론은 아도르노가 현대에 제기한 문제를 언어철학이라는 새로운 패러다임 위에서 재해석하고 극복하려는 시도들로 해석될 수 있다. 하지만 모던 대 포스트모던이라는 구도 하에 행해진 논쟁과 대립에서 확인되는 것은 의식철학에서 언어철학에로의 패러다임 변화에도 불구하고, 아도르노가 함께 묶어 사유하였던 철학적 난제는 다만 라인강을 중심으로 분열된 채 여전히 존속하고 있다는 사실이다. 우리는 이들을 계몽과 아도르노의 계승권을 놓고 다투는 형제에 비유할 수 있다. 미셸 푸코가, 비판이론의 적자는 하버마스가 아니라 바로 자기 자신이라고 주장했던 것은 이러한 상황을 구체적으로 예증한다.[96]

이렇게 볼 때 '모던파와 포스트모던파의 논쟁'은 해방의 잠재력과 소외 사이의 근대의 분열, 이성과 감성 사이의 인간의 분열을 재확인시켜 주고 있다. 이러한 분열을 매개하려 했던 헤겔

적 화해가 테러로 결산된 후 오늘날의 서구철학은 새로운 화해
의 모색과 그와의 결별을 놓고 분열되어 있다. 여기에서 리오타
르를 위시한 프랑스의 탈구조주의자들은 보편적 해방의 꿈을 부
정하고 니체적 긍정을 취한다. 그리고 현실역사의 모든 부정성
에도 불구하고 화해의 가능성을 꿈꾸는 아도르노적 향수에 대해
"우울하다melancholisch"고 말한다.[97] 하지만 니체가 삶의 유희
성에 대한 그 모든 긍정에도 불구하고 항상 심각한 표정을 짓고
있었듯이 리오타르 역시 아도르노처럼 우울하다. 절반만의 긍정
도 우울한 법이기 때문이다.

| 주석 |

1. I. Kant, Beantwortung der Frage: Was ist Aufklärung?, in: ders., Werke 6, Köln 1995, S.162-170.

2. J.-F. Lyotard, La Condition postmoderne: rapport sur le savoir, 1979. 한국어판: 장 프랑수아 리오타르/ 유정완 외 역, 『포스트모던의 조건』 이데아총서 1992, 36쪽. 이하 CP로 줄임

3. D. Bell, The Coming of Post-Industrial Society, New York 1973.

4. E. Mandel, Der Spätkapitalismus, Frankfurt/M 1972. 『후기자본주의』, 이범구 역, 한마당글집 1985.

5. D. Bell, 위의 책, 116 쪽.

6. 위의 책, 116쪽, 121쪽 이하, 165쪽 이하, 358쪽 이하.

7. 위의 책, 369쪽 이하.

8. N. Luhmann, Soziale Systeme, Frankfurt/M. 1984.

9. T. Parsons, The Social System, Glencoe 1967.

10. Vgl., D. Bell, The Cultural Contradictions of Capitalism, New York 1976, S. 16.

11. 위의 곳.

12. 위의 책, 17 쪽.

13. 위의 곳.

14. 위의 책, 5 쪽 이하.

15. 위의 책, XI 이하.

16. 위의 책, 35 쪽.

17. 위의 책, 33 쪽 이하.

18. 위의 책, 51 쪽 이하.

19. 위의 곳.

20. E. Mandel, 위의 책 55쪽.

21. 위의 책, 493 쪽.

22. 위의 책, 491 쪽.

23. 위의 책, 493 쪽.

24. 위의 책, 498, 501 쪽.

25. 위의 책, 492 쪽.

26. 위의 곳.

27. 위의 책, 494 쪽

28. F. Jameson, Postmodernism or the Cultural Logic of Late Capitalism, in: New Left Review 146. 7-8/1984. S. 55.

29. 위의 책, 78 쪽.

30. 위의 책, 62 쪽 이하.

31. P. Feyerabend, Wider den Methodenzwang, Frankfurt/M. 1976, S. 45.

32. J.-F. Lyotard, Grabmal des Intellektuellen, Wien 1985, S. 18.

33. N. Luhmann, 위의 책, 31 쪽.

34. 70년대 초반의 그의 주요저서인 Dérive à patir de Marx et Freud 1973 와 Economie libidinale 1974는 이러한 정신적 편력의 소산이다.

35. M. Jay, 『아도르노』, 최승일 역, 지성의 샘 1995, 20 쪽.

36. J.-P. Lyotard, Interview von Christian Descamps, in: Philosophien, hrsg v. Peter Engelmann, Graz 1985, S. 116.

37. J.-P. Lyotard, 「기호로서의 역사」, 『포스트모던의 조건』, 위의 책, 245 쪽 이하 참조.

38. J.-P. Lyotard, 「〈포스트모더니즘이란 무엇인가〉의 질문에 답하여」, 『포스트모던의 조건』, 위의 책, 180-181쪽.

39. M. Horkheimer u. Th. W. Adorno, Dialektik der Aufklärung, Th. W. Adorno: Gesammelte Schriften Bd. 6, Frankfurt/M. 1973.

40. A. Wellmer, 『모더니즘과 포스트모더니즘의 변증법』, 이주동 안성찬 공역, 녹진 1990, 176 쪽.

41. 위의 책, 40 쪽 참조.

42. 위의 책, 169 쪽.

43. Th. W. Adorno, Negative Dialektik. Gesammelte Schriften Bd. 6, Frankfurt/M. 1973, S. 27. 한국어판: 테오도르 아도르노/홍승용 역, 『부정변증법』, 한길사 1999.

44. 위의 책, 21 쪽.

45. Freies Berlin 방송국이 〈Ist die Soziologie eine Wissenschaft vom Menschen? 사회학은 인간에 관한 학문인가?〉라는 제목 하에 마련한 1965년 2월 3일의 Arnold Gehlen과의 논쟁에서 아도르노는 C. D. Grabbe의 이 말로 자신의 입장을 대변한 바 있다. 이 논쟁은 F. Grenz, Adornos Philosophie in Grundbegriffen, Frankfurt/M. 1974 의 부록으로 실려 있다.

46. Th. W. Adorno, Minima Moralia. Gesammelte Schriften Bd. 4, Frankfurt/M. 1964, S. 281.

47. 아도르노를 엘리트주의적 만다린 지식인으로 해석하는 것에 관해서는 무엇보다도 F. Ringer, Die Gelehrten. Der Niedergang der deutschen Mandarine 1890-1993, Stuttgart 1983, 그리고 H. Brunkhorst: Der Intelletuelle im Land der Mandarine, Frankfurt/M. 1987을 볼 것.

48. Vgl., Th. W. Adorno, Negative Dialektik. a. a. O. S. 26 f.

49. Th. W. Adorno, Negative Dialektik, a. a. O., S. 21.

50. Vgl. J. Habermas: Gegen einen positivistisch halbierten Rationalismus, in: Th. W. Adorno u. a., Der Positivismusstreit in der deutschen Soziologie, Darmstadt und Neuwied 1969, S. 235-266.

51. 이에 관해서는 안 성찬, 「도구적 이성에서 의사소통적 이성에로 – 하버마스의 계몽의 구원」, 서강대학원신문 56호, 1999년 6월 1일 참조.

52. K.-O. Apel, Transformation der Philosophie, 2 Bde., Frankfurt/M.

1973. 아펠철학의 개요에 대해서는 이 책의 제 3장을 참조할 것.

53. Vgl., J. Habermas, Theorie des kommunikativen Handelns, Bd. 1, Frankfurt/M. 1981, S. 400 ff.

54. J. Habermas, Vorbereitende Bemerkungen zu einer Theorie der kommunikativen Kompetenz, in: J. Habermas/N. Luhmann, Theorie der Gesellschaft oder Sozialtechnologie, Frankfurt/M. 1971, S. 141.

55. Michel Foucault, Archäologie des Wissens, Frankfurt/M. 1973.

56. G. Deuleuze/F. Guattari, Anti-Ödipus. Kapitalismus und Schizophrenie, Bd. 1 Frankfurt/M. 1974.

57. J. Derrida, Die Schrift und die Differenz, Frankfurt/M. 1976, S. 441.

58. J.-F. Lyotard, Der Widerstreit, München 1987.

59. 위의 책, 9 쪽.

60. 위의 책 27쪽 이하 참조.

61. Vgl., J.-F. Lyotard, Das Patchwork der Minderheiten, Berlin 1977.

62. M. Foucault, Die Ordnung des Diskurses, Frankfurt/M. 1977, S. 49 f.

63. J.-F. Lyotard, 「보편역사와 문화적 차이」, 유정완외 역, 위의 책, 229-244 쪽 참조.

64. 위의 책, 242-244 쪽.

65. Vgl. I. Kant, Kritik der Urteilskraft, Werke Bd. 6, Köln 1995, S. 18-52.

66. 위의 책, ∫ 75, S. 302-306 참조.

67. I. Kant, Der Streit der Fakultäten, Werke Bd. 6, a. a. O., S. 97.

68. 위의 책, 98 쪽.

69. A. Gehlen, Über kulturelle Kristalisation, in: Studien zur Anthropologie und Soziologie, Neuwied 1963.

70. J.-F., Lyotard, 「기호로서의 역사」, 『포스트모던의 조건』, 유정완외 역, 위의 책, 245-270, 특히 268쪽 참조.

71. 위의 책, 257쪽 이하 참조.

72. Th. W. Adorno, Standort des Erzählers im zeitgenössischen Roman, in: Noten zur Literatur, Gesammelte Schriften Bd. 11, Frankfurt/M. 1974, S. 41.

73. 위의 책, 42쪽 이하 참조.

74. Vgl. Th. W. Adorno, Ästhetische Theorie, Gesammelte Werke Bd. 7, Frankfurt/M. 1974, S. 229ff. u. 322ff. 한국어판: T. W. 아도르노/홍승용 역, 미학이론, 문학과 지성사 1993.

75. Th. W. Adorno, Erpreßte Versöhnung, in: Noten zur Literatur, a. a. O., S. 280.

76. J.-F. Lyotard,「〈포스트모더니즘이란 무엇인가〉의 질문에 답하여」, 위의 책, 169쪽.

77. 위의 책, 170쪽.

78. 위의 책, 171쪽.

79. Th. W. Adorno, Ästhetische Theorie, a. a. O., S. 191.

80. 위의 책, 197 쪽.

81. J.-F. Lyotard,「〈포스트모더니즘이란 무엇인가〉의 질문에 답하여」, 위의 책, 181쪽.

82. 위의 책, 190쪽.

83. Th. W. Adorno, Ästhetische Theorie, a. a. O., S. 295f.

84. 이러한 시도의 대표적 예는 W. Welsch, Adornos Ästhetik: eine implizierte Ästhetik des Erhabenen, in: Ch. Pries(Hrsg.), Das Erhabene. Zwischen Grenzerfahrung und Größenwahn, Weinheim 1989, S. 185-213.

85. I. Kant., Kritik der Urteilskraft, a. a. O., ∫ 11 S. 78ff.

86. 위의 책, 109쪽 이하 참조.

87. J.-F. Lyotard,「〈포스트모더니즘이란 무엇인가〉의 질문에 답하여」, 위의 책, 179쪽 이하 참조.

88. J.-F. Lyotard, 「숭고와 아방가르드」, 『포스트모던의 조건』, 위의 책,

203쪽 이하.

89. 위의 책, 205쪽 이하.

90. K. H. Bohrer, Plötzlichkeit. Zum Augenblick des ästhetischen Scheins. Frankfurt/M. 1981.

91. 이에 대한 자세한 논의는 A. Wellmer, 위의 책, 110쪽 이하 참조.

92. K.-O. Apel, Diskurs und Verantwortung, Frankfurt/M. 1988, S. 114.

93. Vgl. Fakzitität und Geltung, 2. Aufl., Frankfurt/M. 1992, S. 11ff.

94. 「Die Folter, das ist die Vernunft」Ein Gespräch Knut Boers mit Michel Foucault, in: Literaturmagazin 8, Reinbek bei Hamburg 1977, S. 60ff.

95. M. Jay, 「아도르노」, 최승일 역, 지성의 샘 1995, 32쪽 이하 참조.

96. 아도르노와 해체론자들의 관계에 대해서는 J.-F. Lyotard, Adorno as the Devil, in: Telos 19, 1974 참조.

97. J.-F. Lyotard u.a., Immaterialität und Postmoderne, Berlin 1985, S. 69.

| 참고문헌 |

• 노르베르트 엘리아스, 『문명화과정 I』 한길사 1999
• 마틴 제이, 『아도르노』, 최승일 역, 지성의 샘 1995.
• J.-F. 리오타르, 『포스트모던의 조건』, 유정완외 역, 이데아총서 1992.
• 아놀드 하우저, 『문학과 예술의 사회사』 근세편 下, 창작과 비평사 1985.
• 알브레히트 벨머, 『모더니즘과 포스트모더니즘의 변증법』, 이주동 안성찬 공역, 녹진 1990.
• Ders, Grabmal des Intellektuellen, Wien 1985,
• Ders, Dérive à patir de Marx et Freud, 1973.
• Ders, Economie libidinale, 1974.
• Ders, Interview von Christian Descamps, in: Philosophien, hrsg v. Peter Engelmann, Graz 1985.
• Ders, Der Widerstreit, München 1987.
• Ders, Das Patchwork der Minderheiten, Berlin 1977.
• Ders, Adorno as the Devil, in: Telos 19, 1974.
• J.-F. Lyotard u.a., Immaterialit täund Postmoderne, Berlin 1985.
• Adorno, Th. W., Negative Dialektik, Gesammelte Schriften Bd. 6, Frankfurt/M. 1973.

• Ders, Minima Moralia, Gesammelte Schriften Bd. 4, Frankfurt/M. 1973.

• Ders, Ästhetische Theorie, Gesammelte Werke Bd. 7, Frankfurt/M. 1972. 한국어판: T. W. 아도르노/홍승용 역, 미학이론, 문학과 지성사 1993.

• Ders, Noten zur Literatur, Gesammelte Schriften Bd. 11, Frankfurt/M. 1974.

• M. Horkheimer u. Th. W. Adorno, Dialektikäder Aufklärung, Th. W. Adorno: Gesammelte Schriften Bd. 6, Frankfurt/M. 1973.

• Anders, Günther, Thesen zum Atomzeitalter, in: ders., Die Atomare Drohung, München 1981.

• Ders., Die Antiquiertheit des Menschen, Bd. I, Über die Seele im Zeitalter der zweiten industriellen Revolution, München 1956.

• Apel, K.-O., Transformation der Philosophie, 2 Bde., Frankfurt/M. 1973. Archiv für Begriffsgeschichte Bd. 8.

• Ders., Die Idee der Sprache in der Tradition des Humanismus von Dante bis Vico, Bonn 1963

• Ders., Transformation der Philosophie, 2 Bde., Frankfurt/M. 1973.

• Ders., Einführende Bemerkungen zur Idee einer 「transzendentalen Sprachpragmatik」, in: C. H. Heidrich (Hg.), Semantics and Communication. Proceedings of the 3rd Colloquium of the Institute for Communications Research

and Phonetics, University of Bonn, Amsterdam/London
/NewYork 1974, S. 81-144.

• Ders., Zur Idee einer transzendentalen Sprachpragmatik, in: J.
Simon(Hg.), Aspekte und Probleme der Sprachphilosophie,
Freiburg/München 1974, S. 283-326.

• Ders., Der Denkweg des Charles Sanders Peirce, Frankfurt
/M. 1975.

• Ders., Sprechakttheorie und transzendentale Sprachprag-
matik. Zur Frage ethischer Normen, in: Karl-Otto Apel (Hg.),
Sprachpragmatik und Philosophie, Frankfurt/M. 1976, S. 10-
173

• Ders., Ist die Ethik der idealen Kommunikations
gemeinschaft eine Utopie? Zum Verhältnis von Ethik, Utopie
und Utopiekritik, in: W. Vosskamp (Hg.), Utopieforschung,
Bd. 1, Stuttgart 1982, S. 325-355.

• Ders., Grenzen der Diskursethik? Versuch einer Zwischen-
bilanz, in: Zeitschrift für philosophische Forschung, Bd. 40
1986, S. 3-31.

• Ders., Diskurs und Verantwortung. Das Problem des
Übergangs zur postkonventionellen Moral, Frankfurt/M.
1988.

• Ders., Normative Begründung der 「Kritischen Theorie」
durch Rekurs auf lebensweltliche Sittlichkeit? Ein transzen-
dentalpragmatisch orientierter Versuch, mit Habermas gegen
Habermas zu denken, in: A. Honneth u. a. (Hg.), Zwischen-

betrachtungen. Im Prozess der Aufklärung, Jürgen Habermas zum 60. Geburtstag, Frankfurt/M. 1989.

• Bell, D., The Coming of Post-Industrial Society, New York 1973.

• Ders, The Cultural Contradictions of Capitalism, New York 1976,

• Bohrer, K. H., Plötzlichkeit. Zum Augenblick des ästhetischen Scheins. Frankfurt/M. 1981.

• Breuer, Ingeborg u. a., Welten im Kopf, Hamburg 1996

• Brunkhorst, H., Der Intelletuelle im Land der Mandarine, Frankfurt/M 1987.

• Derrida, J., Die Schrift und die Differenz, Frankfurt/M. 1976.

• G. Deuleuze/F. Guattari, Anti-Ödipus. Kapitalismus und Schizophrenie, Bd. 1 Frankfurt/M. 1974.

• Feyerabend, P., Wider den Methodenzwang, Frankfurt/M 1976.

• Vilém Flusser, Die Schrift, Hat Schreiben Zukunft? 2. Aufl., Göttingen 1989.

• Foucault M., Archäologie des Wissens, Frankfurt/M. 1973.

• Ders., Die Ordnung des Diskurses, Frankfurt/M. 1977.

• Gadamer, H.-G., Wahrheit und Methode, 3. Aufl., Tübingen 1972.

• Ders., Philosophische Lehrjahre, Frankfurt a. M. 1977.

• Ders., Heideggers Wege, Tübingen 1983.

• Ders., Das Erbe Europas, Frankfurt a. M. 1989.

• Gehlen, A., Über kulturelle Kristalisation, in: Studien zur Anthropologie und Soziologie, Neuwied 1963.

• Grenz, F., Adornos Philosophie in Grundbegriffen, Frankfurt/M. 1974.

• Habermas, J.: Gegen einen positivistisch halbierten Rationalismus, in: Th. W. Adorno u.a., Der Positivismusstreit in der deutschen Soziologie, Darmstadt und Neuwied 1969, S. 235-266.

• Ders., Theorie des kommunikativen Handelns, Bd. 1, Frankfurt/M. 1981,

• Ders, Vorbereitende Bemerkungen zu einer Theorie der kommunikativen Kompetenz, in: J. Habermas/N. Luhmann, Theorie der Gesellschaft oder Sozialtechnologie, Frankfurt /M. 1971.

• Ders., Fakzitität und Geltung, 2. Aufl., Frankfurt/M. 1992.

• Jameson, F., Postmodernism or the Cultural Logic of Late Capitalism, in: New Left Review 146. 7-8/1984.

• Jonas, Hans, Das Prinzip Verantwortung, Versuch einer Ethik für die technologische Zivilisation, Frankfurt a. M. 1979

• Kant, I., Beantwortung der Frage: Was ist Aufklärung?, in: ders., Werke Bd. 6, Köln 1995, S. 162-170.

• Ders., Der Streit der Fakultäten, Werke, in: ders., Bd. 6, Köln 1995.

• Ders., Kritik der Urteilskraft, Werke Bd. 4, Köln 1995.

• Luhmann, N., Soziale Systeme, Frankfurt/M. 1984.

• Mandel, E., Der Spätkapitalismus, Frankfurt/M 1972. 한국어
판 『후기자본주의』, 이범구 역, 한마당글집 1985.

• Parsons, T., The Social System, Glencoe 1967.

• Ringer, F., Die Gelehrten. Der Niedergang der deutschen
Mandarine 1890-1993, Stuttgart

• Weizsäcker, Carl Friedrich von, Die Einheit der Natur, München, 1971.

• Ders., Der Garten des Menschlichen. Beiträge zur geschichtlichen Anthropologie, München 1977.

• Ders., Aufbau der Physik, München 1985.

• Ders., Bewußtseinswandel, München 1988.

• Ders., Gopi Krishna, Die biologische Basis der religiösen
Erfahrung, Frankfurt a. M. 1988.

• Ders., Der Mensch in seiner Geschichte, München 1991.

• Ders., Zeit und Wissen, München 1992.

• Welsch, W., Adornos Ästhetik: eine implizierte Ästhetik des
Erhabenen, in: Ch. PriesHrsg., Das Erhabene. Zwischen
Grenzerfahrung und Größenwahn, Weinheim 1989, S. 185-
213.